4×100mリレーの
技術と科学

研究に基づくトレーニングガイド

後藤 賢二

三恵社

はじめに

　4×100mリレーは、スピード、正確なバトンパス、そしてチームメンバー間の疾走の同調が勝敗を左右する、非常に戦略的な競技です。本書は、これまでに行われたリレー競技に関する研究や指導書、情報誌の内容を集大成し、その上で著者自身の研究成果を紹介します。そして、それらの知見に基づいた実践的なトレーニング方法を提案しています。

　本書の前半では、リレー競技に関する過去の研究や、指導書、情報誌の情報を総合的に概観し、競技の基本的な理論やバトンパスの技術についての科学的な知見を詳述します。これにより、リレー競技の最新の研究動向を理解し、より効果的なトレーニング方法を見つけるための土台を提供します。

　後半では、著者が行った独自の研究を紹介しながら、その研究成果をどのようにトレーニングに応用するかを具体的に解説します。さらに、著者が自身のチームで取り組んだ実践例や、現場で実際に活用できるトレーニングモデルも紹介します。

　本書が、リレー競技に携わる全てのコーチや選手にとって、理論と実践を結びつけた包括的なガイドとなり、競技力の向上に大いに役立つことを願っています。

目次

- I章　緒言 1
  - 1　リレー競技のはじまり 1
  - 2　リレーの歴史と記録の変遷 1
  - 3　4×100mリレーの競技規則 7
  - 4　TOZ付近の走者の動き 9
  - 5　TOZ付近の走者のパフォーマンスに関連する概念 10
- II章　これまでの指導書や情報誌のリレーに関する記載（文献研究） 17
  - 1　指導書や情報誌におけるリレートレーニング 17
  - 2　これまでのリレー研究（先行研究）の概要 25
- III章　これまでのリレーコーチングの課題の整理 37
  - 1　リレー研究の方法論 37
  - 2　リレーにおける「質的要因」 40
  - 3　4×100mリレーに関する研究上の課題 41
- IV章　研究目的と研究課題 43
- V章　受け走者のパス方法や手挙げ時間の違いが走者の疾走に与える影響について（研究課題1） 45
  - 1　目的 45
  - 2　方法 46
  - 3　結果 51
  - 4　考察 56
  - 5　まとめ 59
- VI章　リレー走者の疾走パフォーマンスに影響を与える環境要因に関する調査研究（研究課題2） 61
  - 1　目的 61
  - 2　方法 62
  - 3　結果 64
  - 4　考察 66
  - 5　まとめ 71
- VII章　リレー走者が疾走時に抱く両走者の意識内容とその関係について（研究課題3） .73

	1	目的	73
	2	方法	73
	3	結果	75
	4	考察	84
	5	まとめ	87

Ⅷ章　新たなトレーニング法「追跡走」の提案と実証的研究（研究課題4） 89
    1　トレーニング法の提案と研究目的 89
    2　方法 91
    3　結果 94
    4　考察 103
    5　まとめ 108

Ⅸ章　総合考察　バトンパスモデルとリレーコーチングへの提言 109
    1　本書の目的と意義（確認） 109
    2　各章（Ⅴ～Ⅶ章：研究課題1～3）で明らかになったこと 109
    3　バトンパス疾走モデル 110
    4　リレートレーニングの方法 116
    5　追跡走の効果について 123
    6　本研究のトレーニング現場への貢献 123
    7　本研究の限界と今後の展望 124

Ⅹ章　結論 125
    1　TOZ内の疾走方法 125
    2　追跡走の実施方法と効果 125
    3　追跡走とパス走を併用したトレーニング戦略 125

参考文献 127
関係資料 137
おわりに 138
著者紹介 139

関連論文

　本書は、以下に示した論文をもとにまとめたものであり、論文掲載学会許諾の下、本書作成のために加筆修正を行い転載しています。

後藤賢二, & 岡本直輝. (2023). 4×100mリレーにおける受け走者のパス方法について－手挙げの高さと手挙げ時間に焦点を当てて－. スプリント研究, *32*, 5–14. 【Ⅴ章】

後藤賢二, & 岡本直輝. (2023). 4×100mリレーのオーバーゾーンの発生実態からみたトレーニング上の課題について. 京都滋賀体育学研究, *39*, 61–70. 【Ⅵ章】

後藤賢二, & 岡本直輝. (2022). 4×100mリレーにおけるパス動作がテイクオーバーゾーン付近のパフォーマンスに与える影響について－パス動作を除去した追跡走とパス走との比較－. スプリント研究, *31*, 13-21. 【Ⅷ章】

後藤賢二, 梶川颯太, 舎利弗学, &岡本直輝. (2024). 大学男子4×100mリレーのバトンパスの過程に関する研究－M-GTAを用いた選手の意識内容調査－・スプリント研究, *33*（2024年10月．印刷中）【Ⅶ章】

図のタイトル一覧

図 1	男子オリンピック記録の変遷	2
図 2	女子オリンピック記録の変遷	2
図 3	男子世界記録の変遷	3
図 4	女子世界記録の変遷	3
図 5	男子インターハイ優勝記録（100m・4×100mリレー）の変遷	6
図 6	女子インターハイ優勝記録（100m・4×100mリレー）の変遷	7
図 7	競技規則変更に伴う TOZ の変遷	8
図 8	TOZ 付近の走者の動き	10
図 9	バトンパス方法の種類	11
図 10	バトンパス完了位置	12
図 11	バトンパス時の利得距離	13
図 12	バトンの持ち換えの有無による疾走距離の変化	14
図 13	バトンパスとバトン移動速度	15
図 14	国内指導書、掲載内容一覧	21
図 15	国内情報誌、掲載内容一覧	22
図 16	海外指導書、記載内容一覧	24
図 17	リレーの評価項目	33
図 18	4×100m リレーに関する研究と記載項目一覧	35
図 19	研究課題の概要	44
図 20	受け走者の疾走方法	47
図 21	受け走者の測定部位と局面	50
図 22	測定項目（手首高、関節角度）	51
図 23	High 疾走、Low 疾走の違い	58
図 24	4×100m リレーの1レーンと9レーンの疾走位置	62
図 25	男女別大会毎のオーバーゾーン率の比較	64
図 26	選手年齢層とオーバーゾーン率との関係	65
図 27	男子大会毎のゾーン別オーバーゾーン件数	65
図 28	女子大会毎のゾーン別オーバーゾーン件数	66
図 29	レーン毎のオーバーゾーン率	66

図 30	男女差、年齢差による OZ 発生の実態と考察	68
図 31	男子国体の OZ に関する考察	69
図 32	第3走者が後方から来る第2走者を見たところ	70
図 33	レーンと OZ 発生の関係に関する考察	71
図 34	渡し走者・受け走者の意識内容と関係	83
図 35	疾走者の割り当て	92
図 36	DM の設定と測定条件	93
図 37	渡し走者の疾走速度	96
図 38	受け走者の疾走速度	97
図 39	渡し走者の接地時間、滞空時間	100
図 40	受け走者の接地時間、滞空時間	101
図 41	リレー記録と TOZ 通過タイム合計の関係	107
図 42	TOZ 付近の疾走モデル	116
図 43	リレートレーニングの流れ	116
図 44	TOZ 通過タイムなどの計測結果	119

表のタイトル一覧

表 1　1983 年以降の世界大会における男子メダル獲得回数と DQ、DNF 回数 4

表 2　1983 年以降の世界大会における女子メダル獲得回数と DQ、DNF 回数 5

表 3　近年のオリンピックにおける日本代表の成績 5

表 4　近年の世界選手権における日本代表の成績 6

表 5　日本の指導書、情報誌から見るリレー技術の変遷 24

表 6　利得タイム一覧（いずれも男子） 32

表 7　TOZ（0-30m）全体の所要時間 51

表 8　局面ごとのパフォーマンス指標 52

表 9　局面ごとの身体の関節角度 53

表 10　調査対象の大会と出場チーム数 64

表 11　インタビュー内容の結果と分類 75

表 12　渡し走者の自己観察内容 102

表 13　受け走者の自己観察内容 103

用語の定義

バトン移動速度
　バトンを保持している走者の疾走速度を指す。テイクオーバーゾーン（以下、**TOZ**）内では、渡し走者が保持しているバトンを受け走者に渡すため、受け走者が十分に加速した状態でバトンパスを行えば、バトン移動速度は高く維持される。

DM（Dash Mark；ダッシュマーク）
　4×100m リレーの各 TOZ に1つ置くことが認められている印のこと。ビニール製やプラスチック製の板状のものを用いることが多い。ダッシュマークの大きさは 50mm×400mm と定められている（日本陸上競技連盟競技規則（TR24.4））。

意識
　物を見る、話を聞く、おかしくて笑う、計画を練るなど、我々が直接的に心の現象として経験していること、これは私の経験だと感じることのできる総体（有斐閣現代心理学辞典）であり、内容が報告可能なさまざまな主観的自覚状態のこと（APA 心理学大辞典）である。スポーツにおける意識とは、選手がスポーツ動作を実施する際に抱く、運動に関する意識のことであり、本研究では 4×100m リレーにおける渡し走者と受け走者が TOZ 付近を疾走する際に抱く疾走やバトンパスに関する意識を対象とする。具体的には、自身の動作（疾走やパス動作）に関する意識や、周辺の状況（相手走者や他チーム走者、環境状況）に関する意識が対象となる。このような、自覚と運動とが一つになっている意識を動感（金子, 2005a）といい、この動感を取り扱ったものがスポーツ運動学である。

TOZ（Take Over Zone；テイクオーバーゾーン）
　バトンパスを開始できる位置から、バトンパスを完了せねばならない位置までの区間のこと。この区間でバトンパスを開始して完了しない場合、そのチームは失格となる。2024 年 10 月現在、**TOZ** は 30m と定められている（日本陸上競技連盟競技規則 TR24.3）が、2017 年までは 20m であった。

OHP（Over Hand Pass；オーバーハンドパス）
　受け走者が手のひらを上向きにして後方に差し出し、渡し走者がバトンパスをすること。

渡し走者は上から振り下ろす動作でバトンパスを行うため、欧米では Down Sweep Pass と称することが多い。日本では PushPress（手のひらを後方に向けて挙上する）型も OHP とすることが多いため，本研究では PushPress 型も含めて OHP とする。

UHP（Under Hand Pass；アンダーハンドパス）
　受け走者が手のひらを下向きにして後方に差し出し、渡し走者がバトンパスをすること。渡し走者は下から振り上げる動作でバトンパスを行うため、欧米では Up Sweep Pass と称することが多い。

ジュニア期
　日本陸上競技連盟（2013a）、同（2013b）は U16、U19 を対象とした書籍であるため、本論文では、U16、U19 の年代をジュニア期と称する。

OZ（Over Zone；オーバーゾーン）
　バトンパスが TOZ 内で完了をしない場合を指す。この場合、当該チームは失格（DQ）となり、記録は無効となり次ラウンドへの進出ができなくなる。

DQ（Disqualified）
　競技失格を指す。競技規則に反する等の理由により競技記録が無効となる。走者が疾走を中断してゴールに到達しない場合（DNF）とは異なる。

DNF（Did Not Finish）
　途中棄権を指す。何らかの理由によって選手の競技継続が困難な状況になった場合、競技失格（DQ）と区別し表記する。

I章　緒言

本章では 4×100m リレーの歴史や記録の変遷について記したいと思います。現在の 4×100m リレーは、バトンを持って 400m トラックを 1 周する形態をとっていますが、この形態に至るまでの経過を知ることで、リレーの競技性について理解を深めることができると思います。

1　リレー競技のはじまり

4×100m リレーは 4 人の走者がバトンを渡しながら一人 100m ずつ走り、その合計タイムを競うものです。4×100m リレーの歴史は古く、1893 年ペンシルベニア大学出身の 4 人がリレーの創始者といわれており、1895 年に第 1 回ペンシルベニア・リレー・カーニバル（ペン・リレーズ）が開催され、リレー大会の先駆けとなったとされています。草創期のリレー競争は、現在のようなバトンは用いられておらず、走者の引継ぎには体の一部に触れる方法が用いられ、やがてひも状の引継ぎ用具が用いられるようになったといわれています（岡尾,2022）。

2　リレーの歴史と記録の変遷

（1）近代オリンピックの記録

近代オリンピックにおけるリレーの歴史を見ると、男子 4×100m リレーは、1912 年の第 5 回大会（ストックホルム）から実施されています。約 100 年前の 1924 年第 8 回大会（パリ）優勝記録は 41 秒 2、直近の 2021 年第 32 回大会（東京）の優勝記録は 37 秒 50 であり、約 100 年で記録がおよそ 3.7 秒向上しています。ちなみに 100m のオリンピック優勝記録は、1924 年第 8 回大会（パリ）では 10 秒 6、2021 年第 24 回大会（東京）では 9 秒 80 と、100 年間で約 0.8 秒向上しています（図 1）。女子 4×100m リレーは、1928 年の第 9 回アムステルダム大会から実施され、この大会の女子 4×100m リレーの優勝記録は 48 秒 4、100m の優勝記録は 12 秒 2 であったとあります。この記録と、2021 年第 32 回大会（東京）の女子 4×100m リレー優勝記録 41 秒 02、女子 100m 優勝記録 10 秒 61 を比べると、4×100m リレーの記録では 7 秒 38、女子 100m の記録では 1 秒 59 向上をしていることが分かります（図 2）。

I章 ── 緒言

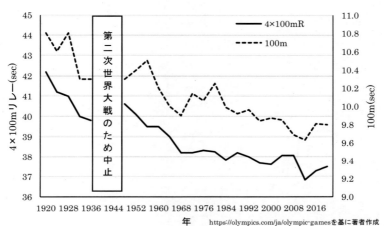

図 1　男子オリンピック記録の変遷

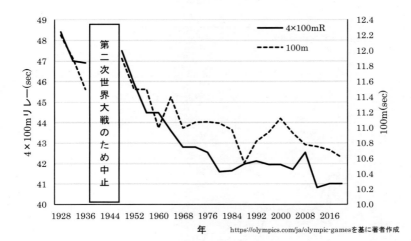

図 2　女子オリンピック記録の変遷

（2）世界記録の変遷

　男子の世界記録について見ると、約 100 年前（1923 年）は、4×100m リレーが 42 秒 2、100m が 10 秒 4 でした。現在の世界記録は、4×100m リレーが 36 秒 84、100m が 9 秒 58 なので、約 100 年で 4×100m リレーについては 5 秒 36、100m については、0.82 秒向上をしていることが分かります。女子の世界記録について見ると、約 100 年前（1926

2

年)の世界記録は、4×100m リレーが50秒4、100m が12秒4、2023年現在の世界記録は、4×100m リレーが40秒82、100m が10秒49なので、100年間で4×100リレーは9秒58、100m に関しては1秒91記録向上が図られていることが分かります（図3、図4）。このような記録の変遷を見ると、4×100m リレーの記録向上のためには、4人の走者の100m の疾走能力の向上が不可欠であることが分かります。

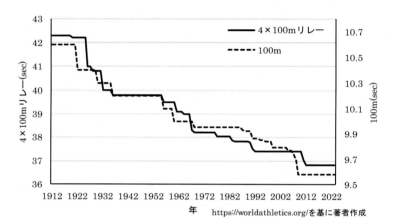

男子 4×100m リレーの歴史は約110年であるが、この期間で記録が5.4秒向上している。

図3　男子世界記録の変遷

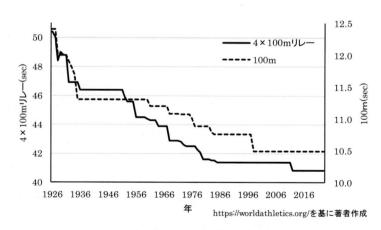

女子 4×100m リレーの歴史は約100年あるが、この期間で記録が9.5秒向上している。

図4　女子世界記録の変遷

一方で、4人のリレー走者の 100m の走力が多少劣っていても、リレー記録では好成績を残す場合も競技会で多く見られます。オリンピック 1952 年第 10 回大会（ヘルシンキ）では、それまでバトンパス後にバトンを持ち換える方法を改め、バトンを持ち換えない方法を採用し、男子ソ連チームが健闘したと記されています（ケルチェターニ，1992）。また、1990 年には、フランスがヨーロッパチームとして 30 年ぶりにアメリカから世界記録を奪取し 37 秒 79 を記録しました。その時のフランスチームの走者 4 人の 100m 合計タイムは 40 秒 65 であり、アメリカチームの選手の合計タイム 40 秒 05 に対して大きく劣るものであったのです。4×100m リレーの記録が、個人の走力に加えてバトンパス技術の影響を大きく受けることが示された事例といえるでしょう。これまでの指導書（日本陸上競技連盟、2013a；2013b など）にもあるとおり、リレー競技は、個人種目がほとんどを占める陸上競技の中で数少ない集団で行う種目であり、オーダー編成やバトンパスの工夫などで 4 人の疾走パフォーマンス以上の結果を導くことが可能といえます。

　バトンパスの失敗は、競技結果において DQ（失格）や DNF（途中棄権）という形で現れます。そこで、1984 年ロサンゼルス大会から 2021 年東京大会までのオリンピック競技会、1983 年ヘルシンキ大会から 2023 年ブダペスト大会までの世界陸上競技選手権大会といった、計 29 大会の男女別のメダル獲得回数と DQ と DNF の回数を調査してみました（表 1、表 2）。すると、メダル獲得回数が多い国であっても DQ や DNF となる場合が多く見られました。すなわち、高いパフォーマンス（メダル獲得）とバトンパスの失敗（DQ や DNF）は常に隣り合わせであることが分かります。このことからも、個人の疾走能力だけでなく、バトンパス技術によってリレー記録が大きく左右されるということがお分かりいただけると思います。

表 1　1983 年以降の世界大会における男子メダル獲得回数と DQ、DNF 回数

国名	メダル獲得回数	DQ,DNF回数
アメリカ	18	5
イギリス	10	5
ジャマイカ	10	3
カナダ	10	2
ブラジル	5	2
トリニダード・トバゴ	5	1
フランス	4	4
ナイジェリア	4	2
日本	4	1
イタリア	4	0

https://olympics.com/ja/olympic-games
https://worldathletics.org/ を基に著者作成

表 2　1983 年以降の世界大会における女子メダル獲得回数と DQ、DNF 回数

国名	メダル獲得回数	DQ,DNF回数
ジャマイカ	24	3
アメリカ	21	3
イギリス	7	1
ロシア（含旧ソ連）	6	5
フランス	6	1
ドイツ	5	0
バハマ	4	0
東ドイツ	3	0

https://olympics.com/ja/olympic-games
https://worldathletics.org/を基に著者作成

（3）日本代表チームの国際大会の成績

　日本代表チームのリレーについて見てみましょう。日本代表の主要国際大会における 4×100m リレーの成績を見ると、特に男子代表の成績が顕著です。男子代表は 1992 年バルセロナオリンピック以降入賞を積み重ね、2008 年の北京、2016 年のリオデジャネイロ両オリンピックの銀メダル、そして続く 2017 年のロンドン、2019 年のドーハ両世界選手権の銅メダルと世界の中でも高い競技力を発揮してきました（表 3、表 4）。しかし、世界水準で見た時に男子代表の個人走力は決して世界有数とは言いきれません。表 3、表 4 のオリンピック、世界選手権における男子 100m 入賞者は 2022 年のオレゴン、2023 年のブダペスト両世界選手権のサニブラウン・アブデル・ハキーム選手のみです。日本代表男子もバトンパス技術を高めることによってリレー記録を向上させてきたといえるでしょう。

表 3　近年のオリンピックにおける日本代表の成績

回	年	開催地	男子	女子
23	1984	ロサンゼルス	—	—
24	1988	ソウル	準決勝進出	—
25	1992	バルセロナ	6位	—
26	1996	アトランタ	DQ	—
27	2000	シドニー	6位	—
28	2004	アテネ	4位	—
29	2008	北京	2位	—
30	2012	ロンドン	4位	予選敗退
31	2016	リオデジャネイロ	2位	—
32	2021	東京	決勝進出・DNF	予選敗退

https://worldathletics.org/を基に著者作成

表 4　近年の世界選手権における日本代表の成績

回	年	開催地	男子	女子
1	1983	ヘルシンキ	-	-
2	1987	ローマ	準決勝進出	-
3	1991	東京	予選敗退	予選敗退
4	1993	シュトゥットガルト	準決勝進出	-
5	1995	ヨーテボリ	5位	-
6	1997	アテネ	準決勝進出	予選敗退
7	1999	セリビア	-	予選敗退
8	2001	エドモント	4位	-
9	2003	パリ	6位	予選敗退
10	2005	ヘルシンキ	8位	予選敗退
11	2007	大阪	5位	予選敗退
12	2009	ベルリン	4位	予選敗退
13	2011	テグ	-	予選敗退
14	2013	モスクワ	6位	-
15	2015	北京	-	-
16	2017	ロンドン	3位	-
17	2019	ドーハ	3位	-
18	2022	オレゴン	DQ	予選敗退
19	2023	ブダペスト	5位	-

https://worldathletics.org/を基に著者作成

（4）全国高校総体（インターハイ）優勝チームの記録

著者は高校教員であったため、高校生のリレーの記録にも興味があります。図5、図6は全国高校総体（インターハイ）の優勝記録の推移を示したものです。天候や風の影響もあり、記録にばらつきは見られますが、前述のオリンピック記録や世界記録の推移と同様に100mの記録の向上とともに4×100mリレーの記録も向上していることが分かります。

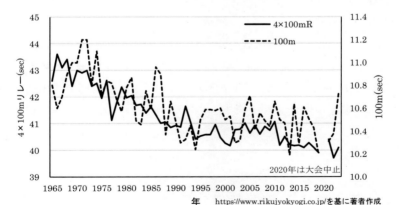

図 5　男子インターハイ優勝記録（100m・4×100mリレー）の変遷

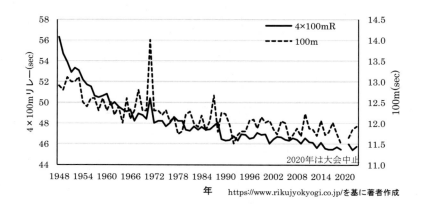

図 6　女子インターハイ優勝記録（100m・4×100m リレー）の変遷

　以上の調査結果を踏まえると、4×100m リレーの記録向上には、個人の疾走能力による部分に加え、バトンパス技術の向上によってもたらされる側面もあることが分かります。

3　4×100m リレーの競技規則

　4×100m リレーはどのようなルールの下で行われるのでしょうか。ルールの変遷を見ることで、記録向上のヒントが見えてきます。

　リレー競技は4人の走者がバトンを持ちながら与えられた区間を疾走し、テイクオーバーゾーン（TOZ）とよばれる区間内で次走者へバトンを渡す必要があります。4×100m リレーの TOZ は 2018 年以降 30m とされ、この区間内でバトンパスが開始、終了することとされています。4×100m リレーでは、走者は完全に自チームのレーンを走らなければなりません。リレー競技で使用されるバトンは、レース中は手で持ち運ぶ必要があり、長さ 280mm から 300mm、直径が 40±2mm）、重さは 50g 以上とされています。バトンを落とした場合は、受け走者へのバトンパスが完了しない限り、前走者である渡し走者がバトンを拾って渡す必要があります。TOZ 外でバトンの受け渡しが開始されたり終了したりした場合は DQ（失格）となります。リレー走者は、トラック上に 50mm×400mm の粘着テープをマーカー（一般的には「ダッシュマーク」「チェックマーク」とよばれます。本書では DM と記載）として1か所、自らのレーン内に貼ることが許されています（日本陸上競技

連盟，2023）。現在 TOZ は 30m と定められていますが、これまで何度か変更されてきました（図 7）。

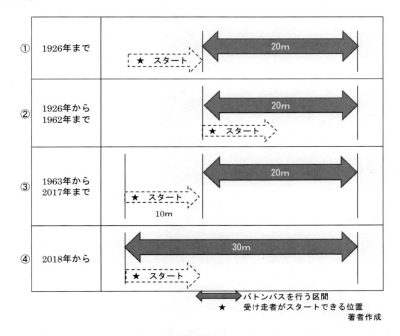

図 7　競技規則変更に伴う TOZ の変遷

1926 年まで、TOZ は 20m と定められており、受け走者は TOZ より手前からのスタートが認められていました（図 7-①）。1926 年に、受け走者も 20m の TOZ 内からスタートするという競技規則へ変更されました（図 7-②）。しかし、この変更は受け走者がバトンパスまでに加速できる距離が短くなってしまうため、バトン移動速度を高く維持しリレー記録向上を図るには不利なものであったと考えられます。その後、1960 年の競技規則改正により、短距離リレーは周回（曲走路を 2 か所含む）コースで競技する変更が生じ、現在のような 400m トラックでの実施が一般的となりました。この競技規則の変更はこれまでのリレー競技と比べ曲走路を多く含んだため、記録の向上が困難になるという不都合が生じました。そこで 1963 年に、1926 年以前のように、受け走者が TOZ の手前からスタートをしてもよいこととなり、10m の受け走者の加速区間が設けられました（図 7-③）。そしてこの競技規則は 2017 年まで継承されました。この競技規則は、従前に比べ受け走

者が十分に加速してバトンを受け取ることができるため記録向上に貢献しました。そして2018年には、TOZは従前の加速区間10mも含めた合計30mとなり、この区間内ならどこでバトンパスを開始してもよいという競技規則となりました（図7－④）。このように競技規則の変化を見ると、受け走者がバトンをもらうまでに加速できる距離が変化することで、受け走者のバトンパス時の疾走速度に影響があったと考えられます。現在の競技規則（図7－④）は、バトンを受け取るまでの受け走者の加速区間を長くとることができ、受け走者が疾走速度を上げた状態でバトンを受け取ることができるので、リレー記録の向上にとって好都合な競技規則になっていると考えられます。

4　TOZ付近の走者の動き

　4×100mリレー特有の動作に「バトンパス」があります。このバトンパスを行う前後で渡し走者と受け走者はどのような動きをするのでしょうか。順に見ていきたいと思います。

　4×100mリレーのTOZ付近における運動の内容を示すと図8のように示すことができます（本文中括弧は図8内の略号を指します）。渡し走者は、バトンを持って受け走者の後方から接近し（渡－①、渡－②）、自身がDMを通過する（渡－③）と同時に、TOZ入口で構えている受け走者が疾走をスタートします。渡し走者にとってTOZ付近は100m走でいうゴール付近にあたるため、渡し走者の疾走速度はやむを得ずわずかに低下しながらTOZ内を疾走することになります（松尾ほか, 2016；小林ほか, 2018）。一方で、受け走者の疾走速度はスタート直後から上昇し、徐々に渡し走者との距離が縮まります（渡－④、渡－⑤）。その後、両者がバトンパス可能な距離に至ったところで、渡し走者から受け走者へ合図が送られ、受け走者は手を挙上しバトンパスが実施されます（渡－⑥）。

　受け走者は、練習時にあらかじめ距離を決めたDMを、自身のスパイクの長さ（足長＝そくちょう）を手掛かりに走路上に記し（土のグラウンドの場合は、スパイク痕を残す、オールウェザートラックの場合は、テーピングテープを貼る）、渡し走者がDMに近づくのを見て（受－①、受－②）、受け走者は、渡し走者の通過と同時にスタート動作を開始します（受－③）。その後は自身の疾走速度を上げ（受－④、受－⑤）、後方から渡し走者が徐々に接近をしてきます。そして互いにバトンパスが可能な距離に達したところで、後方の渡し走者が受け走者へ合図を送ります。その合図とともに受け走者は片腕を後方に挙上してバトンを受け取り（受－⑥）、その後はバトンを持って自身の走路を疾走します（受－

⑦)。

このように、詳細に走者の動作を紐解くと、TOZ 付近の両走者の疾走は、個人種目 100m とは異なっているとわかります。

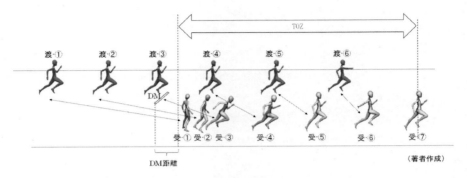

図 8　TOZ 付近の走者の動き

5　TOZ 付近の走者のパフォーマンスに関連する概念

ここでは、4×100m リレーの TOZ 付近の疾走に関するさまざまな概念について解説をしていきたいと思います。

（1）DM 距離

DM 距離は、受け走者と DM との距離のことを指します（図 8）。DM は受け走者がスタートをする際の目印として TOZ の手前に示す印であり、主催者が用意したマークやテーピングテープを用いることが多いです。受け走者は、後方から接近する渡し走者の疾走を観察し（図 8 受－①②）、渡し走者が DM を通過する（図 8 渡－③）と同時にスタート動作を開始します（図 8 受－③）。DM 距離が遠いと渡し走者が受け走者に追いつくことができず、TOZ 内でバトンパスが完了しない、もしくは受け走者が大きく減速をしてバトンを受け取らなければならず、リレー記録の低下につながります。一方、DM 距離が短いと、受け走者のスタート後に渡し走者との距離がすぐに縮まり、受け走者の加速を待たずにバトンパスを行うこととなり、バトン移動速度の低下を招きます（図 8 受－⑥）。したがって、リレー練習は、渡し走者・受け走者が実際の疾走速度で走行し、DM 距離を決定することに多くの時間を費やすことになります。

(2) パス方法

バトンパスの方法は、Up Sweep、Down Sweep、Push Press があり、Up Sweep と Down Sweep はそれぞれ受け走者が肘を曲げる方法と伸ばす方法があります。また、日本では Up Sweep のことを Under Hand Pass（以下、UHP）、Down Sweep のことを Over Hand Pass（以下、OHP）とよぶことが多いです。日本では、Push Press のこともオーバーハンドパスとよぶことが多いようです（図 9）。受け走者が肘を曲げる方法は、受け走者の近くでバトンパスが行われるため、バトンを落とす危険は少ないですが、両走者が接近して渡す必要があるため、渡し走者は受け走者に確実に追いつかねばなりません。一方、肘を伸ばす方法は、両走者が離れたままバトンパスをすることが可能ですが、バトンを落とす可能性も上がるといわれています（土江，2011）。

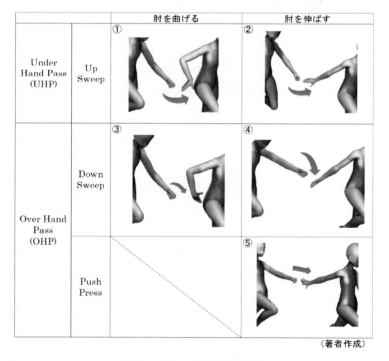

（著者作成）

図 9　バトンパス方法の種類

(3) パス完了位置

パス完了位置とは、渡し走者から受け走者にバトンが渡り終わった位置のことです（図

10)。パス完了位置は DM 距離と密接な関係があると考えられます。DM 距離が遠ければ、受け走者がスタートした際の両走者の間隔が遠くなり、両走者がバトンパス可能な距離に接近するまで時間が必要となります。そのためバトンパス完了位置は TOZ 出口に近くなり、受け走者は十分に加速できる反面、OZ を招く可能性も高くなります。一方で DM 距離が近いと、受け走者がスタートした際の両走者の間隔が狭く、わずかな時間で両走者がバトンパス可能な距離に接近するため、バトンパス完了位置は TOZ 出口から遠くなると考えられます。この場合、OZ に至る可能性は下がりますが、受け走者が十分に加速できずにバトンを受け取るため、バトン移動速度の低下を招きます。

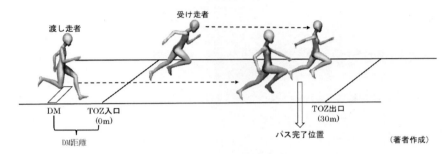

図 10　バトンパス完了位置

（4）利得距離

　利得距離とは、渡し走者と受け走者がバトンパス時に腕を伸ばした長さのことです。受け走者の手の挙上が低かったり、肘が曲がっていたりすると渡し走者のバトンを差し出す手も低くなるため利得距離は短くなります（図 11 左）。一方、受け走者が肘を伸ばし後方に高く手を挙上することで、渡し走者もバトンパスの腕を高く肘を伸ばすように差し出すため、利得距離は長くなります（図 11 右）。土江（2011）によると、利得距離の分だけ、両走者は疾走をすることなくバトンの移動が可能であるため、利得距離が長いほどバトン移動速度が向上する一方で、両走者から離れた位置でバトンを渡すため、バトン落下の危険性も上がるとされています。

図 11　バトンパス時の利得距離

(5) バトンの持ち換え

　バトンパスは両者が接近して行うため走者同士が接触、交錯する危険があります。そのため、選手同士が重ならないよう渡し走者と受け走者は互いに異なる手でバトンパスをするのが一般的です。例えば、第1走者が右手でバトンを渡す場合、第2走者は、左手でバトンを受け取ることになります。バトンを持ち換える方法を採ると、図12上のように、どの走者も渡し走者として左手でバトンを渡し、受け走者として右手でバトンをもらうことになります。受け走者はバトンを受け取った直後に、右手から左手へバトンを持ち換えて疾走し、渡し走者として左手でバトンを渡すのです。この方法ですと、渡し走者はバトンパス時に自身の疾走するレーンの外側に膨らみ、受け走者（第2、4走者）の右側を疾走する必要があります。第1、3走者は曲走路を疾走するため、自身の疾走する距離を少しでも短縮するために、自身のレーンの内側に近い部分を走ることが好ましいのですが、第1、3走者が曲走路の外側を疾走する分だけ走行距離が長くなり、リレー記録を悪化させる要因となってしまいます。

　バトンを持ち換えない方法とは、図12下のように、バトンパス直後に受け走者が右手から左手にバトンの持ち換えを行わない方法のことです。詳しく述べると、第1走者が右手でバトンを保持してスタートし、右手でバトンパスを行い、第2走者は、左手でバトンを受け取り、バトンの持ち換えを行わずにそのまま自身のレーンの外側を疾走します。この方法を用いると、曲走路を疾走する第1、3走者は自身のレーンの左側、つまり内側に近い部分を疾走し走行距離が長くならずに済みます。第2、4走者は直走路で疾走をするため、自身のレーンの外側を疾走しても走行距離に影響はないため、4人の走者の疾走距離

が長くならないという点でリレー記録にとって有利に作用すると考えられます。

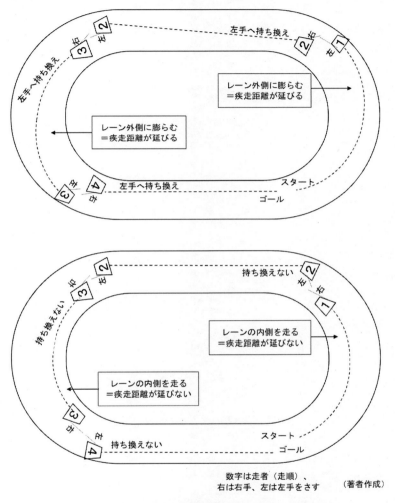

図 12　バトンの持ち換えの有無による疾走距離の変化
（上；持ち換えあり、下；持ち換えなし）

（6）利得タイム

　　第2走者から第4走者は、受け走者としてTOZ内で疾走速度を高めた上でバトンを受け取ります。そのため、リレー記録は4人の走者の100mの持ち記録の合計よりも短縮さ

れることになります。4 人の 100m タイムの合計からリレー記録を差し引いたものを利得タイムとよびます。つまり、両走者が TOZ 内で高い疾走速度でバトンパスを行い、バトン移動速度が高く維持されると、利得タイムは高くなります（図 13 上）。一方、バトンパス動作が上手くいかず、バトンの移動速度が低下してしまうと、リレー記録は悪くなり（図 13 下）、利得タイムは低値を示します。したがって、利得タイムはチーム全体のバトンパスの巧拙を示す指標とすることができます。

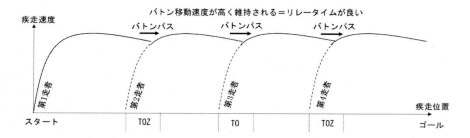

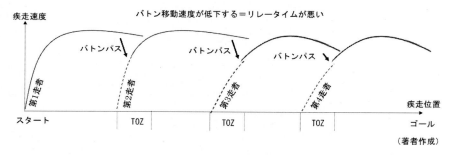

（著者作成）

図 13　バトンパスとバトン移動速度

I章 — 緒言

Ⅱ章　これまでの指導書や情報誌のリレーに関する記載（文献研究）

1　指導書や情報誌におけるリレートレーニング

　指導者はコーチングを行う際、書店等で販売されている指導書や情報誌に記載されている内容を参考にすることが多いかと思います。そこで、4×100mリレーに関する指導書と情報誌の記載内容を調査し、これまでのリレーコーチングの変遷を明らかにしていこうと思います。指導書については、国立国会図書館に所蔵されている資料を対象とし、図8で示したリレーパフォーマンスの概念に沿って図14にまとめました。情報誌については現在、日本国内で発刊されている陸上競技の情報誌「陸上競技マガジン」、「月刊陸上競技」の2誌を対象とし、創刊号から2000年12月までに発刊された中から4×100mリレーの技術に関する記述を抽出しました（図15）。「陸上競技マガジン」、「月刊陸上競技」は記事が掲載されている刊号を関係資料一覧として本書末尾に掲載し、本文中では、図15中の情報誌番号で示すこととします。

(1) DM距離

　DM距離は、指導書によって多少の差はあるものの、受け走者のスタート位置の手前5から8mあたりとする記載が多く、発刊年代による大きな違いは見られませんでした（織田, 1946 ; 1949 ; 升本, 1948 ; 長谷川, 1951 ; 浅川, 1954 ; 大島, 1955 ; 遠藤, 1959 ; 吉岡, 1959 ; 山本・帖佐, 1960 ; 金原・猪飼, 1961 ; 山本, 1963 ; 浅川・古藤, 1964 ; 日本陸上競技連盟, 1967 ; ジョーダン & スペンサー, 1970 ; 大谷ほか, 1970 ; 大島ほか, 1971 ; 遠藤, 1971 ; 山本・山井, 1971 ; 金原ほか, 1976 ; 山本・山口, 1976 ; エッカー, 1979 ; 山本・永井, 1980 ; マック, 1985 ; 宮川, 1992 ; 情報誌番号2 ; 7 ; 8 ; 9 ; 10 ; 12 ; 25 ; 30 ; 31 ; 34）。また、DM距離は、日々の練習の中で試行錯誤をして決定するのが望ましいとする記載が見られました（山本・山井, 1971 ; 山本・山口, 1976 ; エッカー, 1979）。「5から8mあたり」というと、スパイクの長さを約28cmとすると16～29足長になります。各年齢段階の走力を考慮しても、およそ過去と現在で変わらない記述ではないでしょうか。

(2) 両走者の速度の一致

リレー記録向上のために、TOZ 内での両走者の疾走速度の一致が重要であるとする記述が 1970 年代を中心にいくつか見られました（ジョーダン&スペンサー，1970；大島ほか，1971；山本・山井，1971；古藤，1975；山本・山口，1976；情報誌番号 2；4；12）。

（3）パス方法

パス方法は、図 9 に示したとおり、OHP、UHP に肘の伸展屈曲を踏まえた計 5 種類のバトンパスがありますが、発刊年代によって記載されているバトンパス方法に違いが見られました。

OHP や UHP といった挙上する手の平の向きについて見ると、1920 年代から 1940 年代までは OHP を推奨する記載が中心であり、（野口，1927；楢崎，1929；内田，1929；斎藤・梯，1929；織田，1948；升本，1948）、1950 年代、1960 年代になると、OHP、UHP 両方記載している指導書や情報誌が多く見られました（織田，1952；大沼，1953；長谷川，1954；遠藤，1959；吉岡，1959；山本・帖佐，1960；金原・猪飼，1961；山本，1963；日本陸上競技連盟，1967；情報誌番号 7）。そして 1970 年代、1980 年代になると、UHP の記載がなくなり、OHP や Push Press のみ記載されたものが増え（佐々木，2000；情報誌番号 11；14；19；20；28；33；35）、次第に OHP がバトンパスの中心になっていったと考えられます。1990 年代に入ると、Push Press 法を OHP として記載する指導書や情報誌が見られるようになりました（関岡，1990；尾縣，2007；大村，2010；土江，2011；全国高体連，2013；日本陸上競技連盟，2013a；2013b；星野，2018；日本陸上競技連盟，2022；情報誌番号 20；22；33；35）。現在の 4×100m リレーのバトンパスの中心は OHP であり、UHP は男子日本代表や一般、大学生の一部、高校生のごく一部が採用しています。UHP は決して「新しいバトンパス」ということではなく、OHP とは特徴が対極にあるものとして従来からあったものだと考えるべきでしょう。

（4）パス時の肘の伸展屈曲（曲げ伸ばし）

パス時の肘の曲げ伸ばしについて、1950 年代半ば頃から 1960 年代前半まで、肘を伸ばす方法と曲げる方法の双方の記載が見られ（大島，1953；長谷川，1954；遠藤，1959；吉岡，1959；山本・帖佐，1960；金原・猪飼，1961；山本，1963；日本陸上競技連盟，1967；情報誌番号 1；2；7）、一部の書籍は、肘を曲げるバトンパスのみ記載がされていました（織

田，1962；浅川・古藤，1964）。1970年代に入ると、肘を伸ばす方法のみを記載する指導書や情報誌が増え（丸山ほか，1971；遠藤，1971；山本・山井，1971；山本・山口，1976；情報誌番号10；11；14；26；29）、1980年以降、ほとんどの指導書は、肘を伸ばすバトンパスのみの記載へと変化しています（マック，1985；日本陸上競技連盟，1987；佐々木，1988；宮川，1992；大西・髙木，1995；エッカー，1999；佐々木，2000；情報誌番号19）。

(5) 利得距離

　利得距離について見ると、1940年代以前は、バトンを落とさないよう安全のために手を伸ばすべきではない（野口，1927）とされ、利得距離に関する記載は存在しませんでした。利得距離に関する記述は1960年頃から見られるようになり（金原・猪飼，1961；浅川・古藤，1964）、1970年代には多くの指導書、情報誌で見られるようになりました（山本・山井，1971；古藤，1975；金原ほか，1976；山本・山口，1976；エッカー，1979；宮川，1992；エッカー，1999；星野，2018；情報誌番号10；11；12；13；16；17；18；20；23；31；32；33；34；36）。利得距離の記載が多くなる時期が、肘を伸ばすバトンパスの記載が多くなる時期と重なっていることが分かります。

(6) パス完了位置

　パス完了位置については、TOZを20mとする競技規則の頃から、TOZ内12mから18mあたりをパス位置とする記載が多く、指導書、情報誌の発刊年代による変化は見られませんでした（織田，1946；1948；升本，1948；浅川，1954；大島，1955；遠藤，1959；吉岡，1959；金原・猪飼，1961；山本・帖佐，1960；織田，1962；山本，1963；浅川・古藤，1964；日本陸上競技連盟，1967；大谷ほか，1970；大島ほか，1971；遠藤，1971；山本・山口，1976；湯浅，1976；三沢ほか，1982；宮川，1992；エッカー，1999；大村，2010；日本陸上競技連盟，2022；情報誌番号2；4；5；7；8；10；15）。

(7) バトンの持ち換え

　受け走者のバトンの持ち換えについては、1960年代半ばまでは、バトンの持ち換えを推奨する指導書、情報誌が多くみられましたが（デム，1927；齋藤・梯，1929；升本，1948；大沼，1955；吉岡，1959；山本・帖佐，1960；金原・猪飼，1961；浅川・古藤，1964；情報誌番号1；2；3；6）、1960年代半ば以降では、バトンを持ち換えないとするものが

多く見られるようになりました（日本陸上競技連盟，1967；大谷ほか，1970；大島ほか，1971；遠藤，1971；丸山ほか，1971；山本・山井，1971；古藤，1975；金原ほか，1976；湯浅，1976；山本・永井，1980；三沢ほか，1982；日本陸上競技連盟，1987；宮川，1992；大西・髙木，1995；エッカー，1999；佐々木，2000；尾縣，2007；大村，2010；全国高体連，2013；日本陸上競技連盟，2013a；2013b；情報誌番号1；2；3；6；7；14；15；18；24；26；28；32；34）。1960年代半ば以降、バトンを持ち替えない技術が推奨され始めた時期と、利得距離や腕を伸ばすバトンパスの推奨が見られるようになった時期と重複することが分かります。

(8) **利得タイム**

　利得タイムについて見ると、1960年代前半頃からリレーの評価指標の一つとして用いられるようになり（山本，1963；情報誌番号5）、1970年代に多くの指導書や情報誌で記載されるようになりました（大谷ほか，1970；大島ほか，1971；遠藤，1971；古藤，1975，金原ほか，1976；山本・山口，1976）ものの、1980年以降になるとその記載はわずかしか見られなくなりました（山本・永井，1980；エッカー，1999；情報誌番号21）。

(9) **トレーニング方法**

　トレーニング方法について見ると、走者が並んで静止した状態の練習から、歩行速度でのパス練習、次第にジョギング速度から最終的に全力疾走へと徐々に疾走速度を上げていく練習がほとんどであり、年代による変化は見られませんでした（楢崎，1929；長谷川，1954；浅川・古藤，1964；日本陸上競技連盟，1967；遠藤，1971；山本・山井，1971；古藤，1975；金原ほか，1976；三沢ほか，1982；マック，1985；佐々木，1988；宮川，1992；大西・髙木，1995；佐々木，2000；尾縣，2007；日本陸上競技連盟，2013a；2013b；全国高体連，2013；星野，2018；日本陸上競技連盟，2022；情報誌番号5；6；7；11；12；18；27；30；36）。

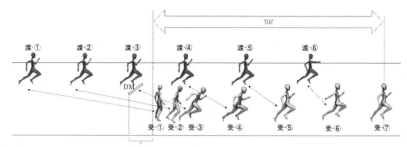

図 14　国内指導書、掲載内容一覧

局面	渡-③ 受-③	渡-④、⑤ 受-④、⑤	渡-⑥				全体	
文献	DMについて	両走者の一致	パス方法・肘の曲げ伸ばし	利得距離	パス完了位置	バトンの持ち換え	利得タイム	トレーニング方法
野口(1927)			○	○				
デム(1927)						○		
楢崎(1929)			○					○
内田(1929)			○					
齋藤・棟(1929)			○			○		
織田(1946)	○		○		○			
織田(1948)			○		○			
升本(1948)	○		○		○	○		
織田(1949)	○							
織田(1952)			○					
大島(1953)			○					
長谷川(1954)	○				○			○
浅川(1954)	○				○			
大島(1955)	○				○	○		
遠藤(1959)	○		○					
吉岡(1959)	○		○			○		
山本・帖佐(1960)	○		○		○	○		
金原・猪飼(1961)	○		○	○	○	○		
織田(1962)			○		○			
山本(1963)	○		○				○	
浅川・古藤(1964)	○		○		○	○		○
日本陸上競技連盟(1967)	○		○		○	○		○
ジョーダン&スペンサー(1970)	○	○	○	○	○	○		
大谷ほか(1970)	○		○				○	
大島ほか(1971)	○	○	○					
丸山ほか(1971)			○			○		
遠藤(1971)	○		○	○	○	○	○	○
山本・山井(1971)	○	○	○		○	○		
古藤(1975)		○				○		○
金原ほか(1976)	○		○	○		○	○	
山本・山口(1976)	○	○	○	○	○	○	○	
湯浅(1976)			○		○	○		
エッカー(1979)			○	○				
山本・永井(1980)	○		○				○	
三沢ほか(1982)			○		○			○
マック(1985)	○		○					○
日本陸上競技連盟(1987)			○			○		
佐々木(1988)			○					○
関岡(1990)			○					
宮川(1992)	○		○		○	○		
大西・高木(1995)			○			○		
エッカー(1999)			○	○		○	○	
佐々木(2000)			○			○		
尾縣(2007)			○			○		
大村(2010)			○		○	○		
土江(2011)			○					
日本陸上競技連盟(2013a)			○			○		○
日本陸上競技連盟(2013b)			○			○		○
全国高体連(2013)			○					○
星野(2018)			○			○		○
日本陸上競技連盟(2022)			○	○				
合計	24	5	45	13	25	30	9	20

(著者作成)

II章　──────　これまでの指導書や情報誌におけるリレートレーニング

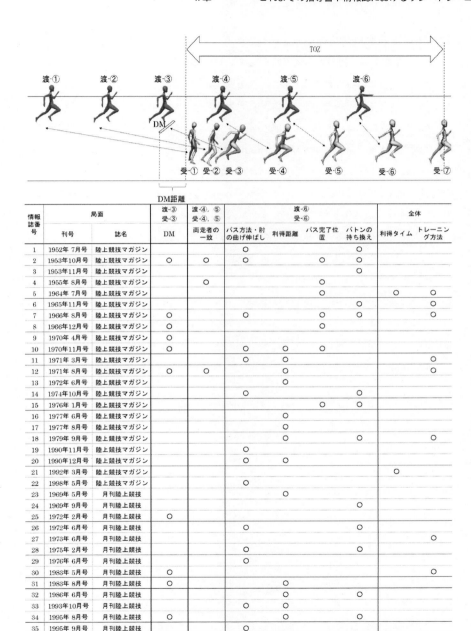

図 15　国内情報誌、掲載内容一覧

(10) 海外の指導書におけるリレートレーニング

　これまでは、日本の指導書や情報誌を見てきました。では海外の指導書では4×100mリレーはどのように解説されているのでしょうか。全ての国と書籍を網羅することは難しいので、アメリカの指導書を中心に見ていこうと思います。

　海外の指導書におけるリレーの記載内容（図16）は、日本国内の指導書や情報誌と同様、DMに関する記載（Carr, 1991 ; Bowerman & Freeman, 2008 ; Freeman, 2015 ; Doherty & Kernan, 2017）や、パス方法やバトンの持ち換えに関する内容が多く見られます（Carr, 1991 ; Rogers, 2000 ; American Sport Education Program, 2007 ; Bowerman & Freeman, 2008 ; Husbands, 2013 ; Freeman, 2015 ; Doherty & Kernan, 2017）。しかし、利得タイムや利得距離、パス完了位置に関する記載はあまり見られず、この点は日本国内のものと大きく異なりました。トレーニング方法については、日本国内の指導書と同様、静止した状態から徐々に移動速度を上げてバトンパス動作に慣れていく方法が中心に記載されていました（Carr, 1991 ; Rogers, 2000 ; Bowerman & Freeman, 2008 ; Freeman, 2015 ; Doherty & Kernan, 2017）。海外と日本国内の指導書を比較すると、日本国内の指導書の方が、利得距離やパス完了位置など技術的要素が多く記載されており、日本における4×100mリレーの技術要素は海外に比べてきめ細かいものといえるでしょう。

II章 ── これまでの指導書や情報誌におけるリレートレーニング

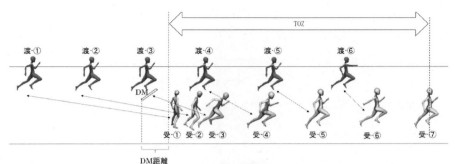

局面	渡-③ 受-③ DMについて	渡-④, ⑤ 両走者の一致	パス方法・肘 の曲げ伸ばし	利得距離	パス完了位置	渡-⑥ 受-⑥ バトンの 持ち換え	全体 利得タイム	トレーニング 方法
Carr(1991)	○		○				○	○
Rogers(2000)			○					○
American Sport Education Program(2007)		○				○		
Bowerman and Freeman(2008)	○					○		○
Husbands(2013)		○	○		○			
Freeman(2015)	○	○	○	○		○		○
Doherty(2017)	○	○	○			○		○
合計	4	4	5	2	1	5	0	5

図 16 海外指導書、記載内容一覧

表 5 日本の指導書、情報誌から見るリレー技術の変遷

	1940年代以前	1940年代	1950年代	1960年代	1970年代	1980年代	1990年代
DM距離	受け走者のスタート位置手前5～8mあたり							
両走者の速度の一致	両走者の速度の一致が重要						
パス方法		OHPを推奨		OHP,UHP併記		OHP,PushPress	PushPress
パス時の肘の曲げ伸ばし	肘を曲げる/伸ばす併記 (一部、曲げるのみ)				肘を伸ばす		
利得距離	手を伸ばすべきではない				利得距離の重要性に言及		
パス完了位置	ルールに依らず、TOZ内12～18mあたり						
バトンの持ち換え	バトンの持ち換えを推奨				バトンを持ち換えない		
利得タイム	利得距離の記載なし				利得タイムに関する記載		
トレーニング方法	徐々に高い疾走下で練習をする						

走者の疾走距離を短くする工夫 →

　このように、指導書や情報誌を見ていくと、日本では1960年代後半頃には、現在提唱されているリレー技術がほぼ出揃ったことが分かります（表 5）。1960年代以前の内容と比べると、バトンを持ち換えないことで、曲走路を走る選手（主に第1、3走者）が自レーンの外側を走らずに済むので疾走距離を短縮でき、パス時に両走者が腕を挙げる（伸ば

す）OHP を採用することで、走者の疾走がなくてもバトン移動が可能な距離（利得距離）を長くして、結果的に 4 人の疾走能力以上のリレーパフォーマンス（タイム）を発揮する（利得タイム）、ということにつながっていると考えられます。

　読者のみなさんの中には、現在の男子日本代表が取り組んでいる UHP を「新しい技術」として認識している方もいらっしゃるかもしれませんが、これまでのように指導書、情報誌の記載の変遷を見ると「新しい技術」ではなく、「これまであった技術を見直した」という方が正しい解釈だと思います。UHP は、OHP の腕を水平に挙げる動作が疾走姿勢を維持しにくくさせているという短所を克服していると考えられています。

　ここで疑問なのは、本当に OHP は疾走姿勢を崩した結果、リレータイムを低下させているのかということです。逆に UHP は疾走姿勢を崩さないことでリレータイム向上に貢献しているのでしょうか。OHP の手挙げ動作が疾走に大きく影響していることが指導現場でも認識されていれば、バトンパスは UHP に移行していくはずです。しかし、私が知る限り、UHP がバトンパスの主流になっているとは思えません。それは何か理由があるのでしょうか。OHP や UHP の動作を検証する必要があるでしょうし、疾走速度を実際に計測してみる必要もありそうです。このような 4×100m リレーのバトン動作に関する疑問を、学問研究はどのように答えているのでしょうか。

2　これまでのリレー研究（先行研究）の概要

　前項では日本および海外の指導書や情報誌の記載内容について述べました。本項では 4×100m リレーに関する学術論文といった、いわゆる「研究」の進み具合を見ていきたいと思います。多くの読者の方にとって、研究論文は日頃なかなか目にすることがなく、「難しい！」と感じられるかと思います。なるべくやさしい表現に言い換えながら研究紹介をしていきたいと思います。

(1)DM 距離

　DM に関する研究では、香港ナショナルチームを対象にしたもので、個人種目 100m 走の後半局面の速度曲線を求めて DM 距離を理論的に算出したという報告があります。その計算した DM 距離を用いたレースで、利得タイムを 1.36 秒から 2.42 秒に大きく向上させたというものです（Zhang and Chu, 2000）。この報告では、バトンパスの DM 距離は経

験的に決定され、多くの場合 DM 距離が短くなり、受け走者の加速が十分でない状況でバトンが渡ることが多いと問題提起されています。確かに、リレーの指導現場では、レース前に「もしかしたら、この足長（DM 距離）では届かないかもしれない。それなら念のために足長を少し縮めて安全に渡そう」という意識が生まれやすいと思います。しかし、実際に走ってみると両走者が接近してバトンを渡してしまい「もっと積極的に足長を伸ばしてもよかったのでは」と振り返ることも多いと思います。また、DM 距離をいくら適切に設定したとしても、受け走者のスタートのタイミングがずれてしまうことで TOZ 内のバトン移動速度は大きく影響を受けてしまいます。別の報告では、受け走者のスタート方法が個人種目 100m とは異なり、渡し走者の DM 通過という視覚情報によってスタートする点に注目し、周囲のものを見る力、視覚で物体を追跡する力、空間の奥行きを認識する力に関する視覚テストを実施し、リレートレーニングとしての有効性を報告しているものもあります（Ahmed & Mohamed, 2019）。

(2)両走者の速度の一致

バトンパスの効率性を考える時、両走者の疾走速度が高く維持されていることの重要性は容易に想像できます。この点に関する実験が報告されています。それは、受け走者に知られないように渡し走者に最大疾走速度の 85~100%の速度で走るよう依頼してバトンパスを行い、その結果、両走者ともに相手の疾走速度の見極めが困難になり、バトンがうまく渡らなかったというものです（Boyadjian & Bootsma, 1999）。学校体育における取り組みにはなりますが、小学校の体育の授業におけるリレー競技の中で、渡し走者と受け走者が走りながら接近し、スピードに乗ったままバトンパスをするという、両走者の同調した運動の意味構造に注目し、DM を用いずに両走者の疾走速度の同調によるバトンパスを実施した授業実践例の報告もあります（三輪, 2006）。つまり、受け走者から見た渡し走者の疾走の様子、渡し走者から見た受け走者の加速の程度などを互いに了承している必要があり、そこから外れることでバトンがうまく渡らなくなることを示しています。このように、互いの様子を観察しながら疾走するという特性から、リレー記録の計測前に個人特性のうち、個人主義か集団主義のいずれかを強調する刺激を与え、その後のリレー記録計測では、集団主義を刺激した群の TOZ 通過タイムが向上し、個人主義を刺激した群の TOZ 通過タイムに変化が見られなかったという報告（Bry et al.,2009）や、 4×100m リレーでは、相手走者の距離感とパスのタイミングを計るためのコミュニケーションスキルが重要

であるとする報告（William et al.,2021）といった、心理学的側面の重要性も指摘されています。

(3)受け走者の疾走

　4×100mリレーのTOZでは、渡し走者から受け走者のどちらか、もしくは両者が疾走しています。受け走者に関して見ると、TOZ内を高い疾走速度でバトン通過するためには、受け走者の最大疾走速度までの加速能力が重要であると考えられます。受け走者がTOZ内でバトンを受け取る際に高い疾走速度に達していれば、バトン移動タイムは短縮されるわけです。受け走者の疾走に関しては、利得タイム（リレー走者4人の100m合計タイムから、リレータイムを差し引いた数値のこと）との関係性は統計的に見られなかったものの、リレータイムに影響を与える重要な要因であるという報告（山本・三宅、2018）があります。この報告は、「実際のレースにおける受け走者の30m区間タイム」を計測していますから、受け走者がバトンパスのために加速を緩めている場合なども含まれていると思われます。男子日本代表チームを対象としたもので、バトンパス動作時間の長短にかかわらず受け走者がしっかりと加速することが重要であるとする報告（松林ほか、2022）もあります。さらに女子選手を対象とし、TOZ内のバトン移動速度とバトンパス動作時間などを計測した結果、手挙げ時間、パス完了位置、渡し走者の疾走よりも、受け走者の疾走速度が重要であるとする報告があります（太田・麻場、2018）。

　このように受け走者の加速を重視する報告の一方で、受け走者がTOZを出た後も疾走をするため、TOZ内の加速だけに注目するのではなく、受け走者の疾走全体に注目すべきとする報告もあります。スタート時に加速感をやや緩めた方法（S＝slow）法と、全速力でスタートをする方法（Q＝quick）法とを比較し、S法の方がQ法に比べTOZ内タイムが速かったという報告があります（佐久間、2005）。リレー走者は次走者へ渡し終えるまでに120mから130m疾走するため、渡し走者となる後半局面の疾走速度の低下を抑制するには、S法の方が効果的であるという理由です。しかし、別の報告（森川ほか、2009）では、受け走者全体の疾走速度は、前の報告（佐久間、2005）と同様S法の方が高かったものの、スタート時においてはQ法の方がS法よりも疾走速度が高かったとしています。Q法はS法よりもスタート時の疾走速度を重視するわけですからこの結果には納得がいきます。Q法を採用すると、受け走者としてのTOZ内の疾走速度は高くなるが、後半の渡し走者となる局面での疾走速度の低下が見られるということです。一方S法を採用すると、受

け走者として TOZ 内の疾走速度の増加は緩やかであるが、渡し走者となった後半の TOZ 内の疾走速度の低下が抑制されるということでしょう。Q 法は、TOZ 内の加速を重視するので、DM からのスタートのタイミングを見誤ったり、加速を緩めたりすることがリレータイムに大きく影響を与えると思われます。一方 S 法は、受け走者のスタートの力感（加速の程度）を毎回一定にしておかないと、渡し走者が受け走者に追いついてバトンパスを行うことが難しくなる危険性もあります。

　Q 法、S 法どちらの方法が良いという正解はないように思いますし、どちらの方法を採用するにしても、起こる危険に対処しながらバトンを効果的に運ぶ練習を積む必要があることには変わりなさそうです。

(4) バトンパス方法

　バトンパス方法に関する研究では、パス方法の違いに注目したものが多く報告されています。バトンパス方法はすでに記したように、OHP、UHP、PushPress の 3 つが主なものです。この 3 法を比較した報告として、Up Sweep（UHP）が疾走姿勢を崩しにくいため受け走者の疾走速度が高まりやすく、TOZ 内のバトン移動速度が低下しにくいとするものがあります（Maisetti, 1996）。実際のデータを測定した報告では、男子大学生の UHP の利得タイムが 3.11 秒であったのに対し、OHP を用いた男子日本代表チームの利得タイムが 2.72 秒や 2.52 秒であったことから、OHP に比べて UHP の方が有利である（佐久間, 2005）とするものがあります。さらに、バトンパス完了後 TOZ 出口から 20m までの所要時間は、OHP よりも UHP の方が有意に短かったとする報告（佐久間ほか, 2008）もあります。　さらに、日本代表男子が UHP の短所であった利得距離の短さを克服し、より有効な UHP に改良した実践例の報告（杉浦ほか, 2021）もあります。これらの報告を見ると UHP の方が有利なバトンパス方法に見えますが、私は少し異なる考えを持っています。まず佐久間（2005）の報告で比較されている、大学生と代表チームとの間には、練習機会の頻度が異なります。代表チームの方が練習機会は少ないため、両走者の疾走や手挙げ動作に関する相互の理解が図りにくい状況かと思います。さらに代表チームは選考から大会までの期間が短いため、バトンパスの習熟度を上げにくいことも考えられます。したがって、利得タイムには単にバトンの巧拙以外にもさまざまな要因が含まれるため比較には注意が必要だと考えます。

　一方で OHP と UHP との間には差が認められないとする報告もあります。受け走者の

加速について見るとUHPの方が優位であるが、二次加速局面（100m走でいうおよそ40m以降の加速の部分）はOHPの方が疾走速度は高く、結果として疾走全体の有意差は認められないとするもの（宮下，2005）です。さらに踏み込んで受け走者の疾走姿勢について分析した報告として、OHPは受け走者が手を後方に高く挙上することで、利得距離を得ることができる一方で、走者自身のスタート時の前傾姿勢が維持しにくくなり結果として得られる利得距離を相殺しているというもの（福島ほか，2010）があります。手挙げ動作そのものに注目した報告では、女子選手を対象としてOHP、UHPの2法が受け走者の加速に与える影響を調査したものがあります（太田・麻場，2019）。その報告では、手挙げ動作時間はOHPの方が有意に長かったものの、OHP、UHP間でTOZ所要時間に有意差は認められないという結果となりました。OHPは、利得距離を得ることができるが加速時の前傾動作を崩しやすくなり、その一方でUHPは、利得距離を得にくくなるものの疾走姿勢が通常疾走に近いものになると考えることができそうです。

(5)利得距離

　4×100mリレーでよく出てくる概念に「利得距離」があります。渡し走者と受け走者が手を伸ばした分、疾走をすることなくバトンが移動するので、3か所のTOZで腕を伸ばした距離の分チーム走者は疾走せずに済むことから、この利得距離が長い方が良いという考えです。利得距離を長くするには、渡し走者と受け走者が腕を水平に高く挙げてバトンパスをする必要があります。実際に走ってみると分かりますが、渡し走者が全力疾走をしている最中や、受け走者が加速動作をしている最中にバトンを持つ腕を地面と水平に挙げることは、極めて困難です。OHPはUHPよりも利得距離が長いとする報告（宮下，2005）がありますが、これは至極当然のことです。その上、利得距離の獲得に不利なUHPでも利得距離を伸ばす方法が報告されています。それは、バトンパス方法としては利得距離の短いUHPを採用しながらも、受け走者が腕を伸ばして手を出すことによってその短所を補っているという日本代表男子の例（杉浦ほか，2021）です。UHPの利点を生かしながら利得距離も確保できるバトンパスということになります。

　利得距離に関する報告では、UHPよりもOHPの方が利得距離は長いものの、それは1区間あたり0.4m、TOZ3区間の合計1.2mを時間換算しても0.1秒程度であり、大きな差ではなく（佐久間，2005）、利得距離とバトン移動タイム（TOZ10m地点からTOZ出口までの20m）に有意な相関関係が認められたとしながらも、時間に換算すると極めて小さ

なものであり、他のバトンパスの要素との間で相殺されてしまうものだという報告（松林ほか，2022）があります。これまでの研究を見ると、バトン方法間の利得距離の差はあまり気にしなくてもよいといえそうです。

　また筆者の経験では、OHP で腕を地面と水平の高さまで挙げたら走りにくく、疾走速度に悪影響が生じるため、指導書で記載されているほど両走者の腕が水平になるまで挙げられている例はあまりないと思います。指導現場では、お互いの腕を水平に挙げ、最大利得距離の分だけ間隔を保ちながらバトンパスのジョグをしている光景を見ますが、最大利得距離を追求する理論的な根拠は薄いと思います。

(6)手挙げ時間

　バトンパスのために腕を挙げて走る時間のことを「手挙げ時間」とよびます。この手挙げ動作は、通常疾走とは異なる姿勢を取ることから、指導現場では走者の疾走に悪影響を与えると考えられる方が多いと思います。しかし、研究として手挙げ時間を短くした方が良いとする報告は、手挙げ時間を短くし、手を挙げて走る歩数を少なくした方が TOZ タイムは向上するというもの（Maisetti，1996）にとどまっています。一方で、手挙げ時間の長さは受け走者の加速に大きな影響を与えず、OHP、UHP 間でも手挙げ時間に有意差は認められないという報告（佐久間ほか，2008；松林ほか，2022）も複数あります。そして、女子選手を対象としたもので、OHP、UHP の 2 法が受け走者の疾走に与える影響について検討し、手挙げ時間が 0.4 秒より長くなると、通常の加速に比べて有意な速度低下が認められるとするもの（太田・麻場，2019）があります。これらを踏まえると、手挙げ時間が短いほど疾走速度への影響が少ないとは必ずしもいえず、手挙げ時間の影響は、極端に長くなった時に限定されると考えることができます。

(7)パス完了位置

　バトンパスは渡し走者と受け走者がパス可能な距離に接近して行われます。つまりパス完了位置は両走者の疾走速度の関係によって決まると考えられます。特に受け走者は静止状態からスタートするので、受け走者が十分に疾走速度を高めた状態でバトンを渡し走者から受け取ることで、バトンパスによるバトン移動速度の低下を防ぐことができます。パス完了位置に関する報告は、TOZ 後半で受け走者が長い時間加速することで TOZ 区間タイムを短縮することができるとするもの（鹿野，2020）や、国際レベルの 9 人の男子選手

によるバトンパス 30 試技について、パス完了位置が TOZ 出口に近いほど、TOZ 内のバトン移動速度が高かったとするもの（Salo，2001）があります。

　バトンパス位置は両走者の疾走速度によって決まりますが、疾走速度には男女差がある点にも注目すべきです。男女別に検討した報告では、ポーランドナショナルチームを対象とし、バトンパス完了位置と TOZ 通過タイムの関係を調べ、男女ともに TOZ 後半の方でのバトンパスが、TOZ 疾走時間の短縮に有効であるとするもの（Zarębska et al.,2021）があります。国内の報告では、バトンパス完了位置について、男子は TOZ の後半で、女子は TOZ の前半でのパスが多いとするもの（杉浦，1998）や、女子選手の方が TOZ 前半でのバトンパスの完了が多いとするもの（太田・麻場，2009）があります。

　これらを踏まえると、女子に比べて男子のように走者の疾走速度が高いと、受け走者がバトンを受け取るまでの加速に長い距離を要し、結果としてバトンパス位置が TOZ 後半の位置になると考えられます。それに対して女子選手の場合、男子に比べて疾走速度が高くないため、受け走者がバトンパスに必要な速度に到達するための時間（距離）を大きく必要としないため、TOZ 前半でバトンパスが行われる傾向にあるのだと思われます。

(8)バトンパス評価

　バトンパスの巧拙を評価する指標として「利得タイム」を用いることがしばしばあります。利得タイムとは 4 人の走者の 100m タイムの合計から、リレータイムを差し引いたもので、この数値が高いほど、効率的なバトンパスが行われたとされています。

　バトンパスの評価に関する研究は、表 6 に示したように大学生やナショナルチームに関するものがほとんどで（杉浦ほか，1994；宮下，2005；佐久間，2005）、男子のリレーで利得タイムが 3.0 秒を超えるとかなりバトンパスがうまくいったと評価することができると思います。

表 6　利得タイム一覧（いずれも男子）

年	大会名など	チーム	100mタイム合計	リレータイム	利得タイム	バトンパス方法	参考文献
1988		国内大学生	42.60	40.04	2.56		宮下，2005
1993		国内大学生	42.84	39.98	2.86		宮下，2005
1991	世界選手権（東京）	アメリカ代表	39.64	37.5	2.14		宮下，2005；杉浦ら，1994
1991	世界選手権（東京）	フランス代表	41.14	37.87	3.27		宮下，2005；杉浦ら，1994
1991	世界選手権（東京）	日本代表	41.20	39.19	2.01		宮下，2005；杉浦ら，1994
2005		国内大学生	42.38	39.27	3.11	UHP	佐久間，2005
1998		国内大学生	42.91	39.54	3.37	UHP	佐久間，2005
1997	日本記録更新	日本代表	41.03	38.31	2.72	OHP	佐久間，2005
2000	日本記録更新	日本代表	40.83	38.31	2.52	OHP	佐久間，2005
～2000年	各世界大会	優勝チーム平均			2.41	OHP	佐久間，2005
～2000年	各世界大会	優勝チーム平均			3.04	UHP	佐久間，2005

（著者作成）

(9)TOZ 通過タイム

　前述の利得タイムは、バトンパス評価の項目として簡便なものですが、より精密にバトンパスの評価をするならば、TOZ 内のバトン移動タイムを直接計測することが一番です。旧ルール（2018 年まで）は、TOZ は 20m（図 17 中 A）であり、その手前 10m 地点にブルーラインが引かれ、その 10m を受け走者の加速のために使用してもよいというものでした。その後、2018 年に TOZ は 20m から 30m に延長されました。この延長はこれまで加速区間として設定されていた 10m も TOZ とするもので、元々受け走者のスタート後 10m 以内にバトンパスを行う場合はあまりないため、走者にとってはあまり大きな変更ではありませんでした。つまり、旧ルールの加速ゾーンも含めた 30m 区間と、現ルールのTOZ30m（図 17 中 C）は同じ区間を指していることになります。

　タイムの測定方法は、TOZ 内のみを計る方法に加えて、TOZ 出口通過後 10m 地点までのバトン移動タイムを計測する方法（図 17 中 B、D）も見られます。この方法を用いると受け走者がバトンを保持して疾走する距離が長くなるため、バトンパス完了後の受け走者の疾走も含めた評価が可能（広川ほか，2009；2012；2013；2014；2015；小林ほか，2017；2019）といわれています。しかしこの方法は、測定の終了地点にあたる TOZ 出口の先 10m の地点にマークが存在しないため、実際の大会における測定は容易ではありません。

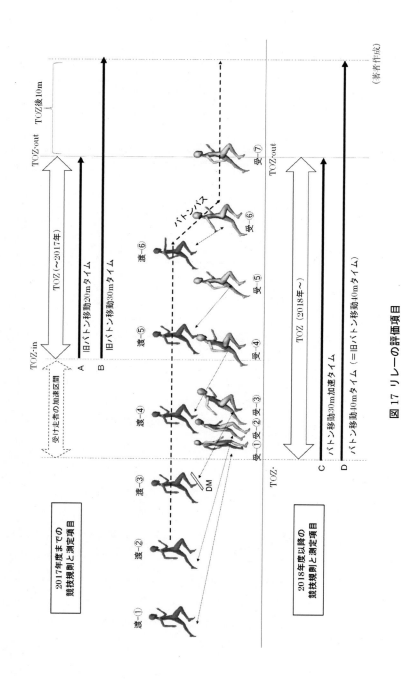

図17 リレーの評価項目

(10)環境要因に関する研究

　4×100mリレーは、スタートからゴールまでチームごとに区切られたレーン（セパレートレーン）を走ります。1レーンと9レーンとでは、曲走路のきつさ（半径、曲率）が異なるため、走者の走りやすさや、TOZが直走路上か曲走路上か、さらに直走路と曲走路の切り替わりの部分を含むかといった、走路条件がレーンによって異なります。

　このような環境要因に関する報告は、曲率が異なる曲走路内のTOZ間でのDM距離の差を理論的に計算した報告（Hsu，2014）や、疾走レーンによる影響を数学的に計算した結果、外側レーンの曲率の方が小さく曲走路の影響を受けないため疾走に有利であるとする報告（Radford & Smith，2003）があります。現場で指導する立場からすると、曲走路のきつさは走者の走りに影響を与えていることが見て取れますが、研究としては意外と進んでいない現状があります。

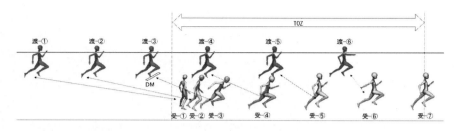

局面	渡-③ 受-③ DMについて	渡-④⑤ 受-④⑤ 両走者の一致	受け走者の疾走	渡-⑥ 受-⑥ パス方法	利得距離	手挙げ時間	パス完了位置	全体 利得タイム	TOZ通過タイム	協調性	環境要因
Maisetti(1996)				○							
杉浦(1998)							○				
Boyadjian & Bootsma(1999)		○									
Zhang & Chu(2000)	○										
Salo(2001)							○				
Radford & Ward-Smith(2003)											○
宮下(2005)				○	○			○			
佐久間(2005)			○	○	○			○			
三輪(2006)		○									
杉田ほか(2007)									○		
佐久間ほか(2008)				○		○					
Bry et al.(2009)									○		
広川ほか(2009)									○		
森川ほか(2009)			○								
太田・麻場(2009)							○				
福島ほか(2010)				○							
広川ほか(2012)								○			
広川ほか(2013)									○		
Hsu(2014)											○
太田・麻場(2018)					○						
山本・三宅(2018)			○								
Ahmed & Mohamed(2019)	○										
比留間・渡邉(2019)				○							
小林ほか(2019)								○			
太田・麻場(2019)				○		○					
鹿野(2020)							○				
島本(2020)									○		
Zarębska et al.(2021)							○				
杉浦ほか(2021)				○							
William et al.(2021)	○										
松林ほか(2022)			○				○				
合計	3	2	4	8	3	2	6	3	5	1	2

(著者作成)

図 18　4×100m リレーに関する研究と記載項目一覧

Ⅱ章 ── これまでの指導書や情報誌におけるリレートレーニング

Ⅲ章　これまでのリレーコーチングの課題の整理

　前章で述べた、4×100mリレーに関する指導書や情報誌の記載内容、先行研究の内容をまとめていきましょう。

　まず、日本国内の指導書や情報誌の記載内容についてです。これまでの4×100mリレーに関する日本国内の指導書や情報誌の記載内容は、1960年代後半あたりを境に変容していることが明らかとなりました。走者の疾走距離を短縮させ、バトン移動速度を向上させるために肘を伸ばしたOHPで利得距離を確保したり、バトンを持ち換えない方法を採用し曲走路を疾走する選手が走路の内端を疾走できる工夫が行われたりしたと考えられます。そしてこれらの技術の出来栄えを評価する指標として利得タイムが用いられるようになったと思われます。このように、バトンパスに関する技術内容が変化してきた一方で、DM距離、パス完了位置に関する考え方に変化は見られませんし、リレートレーニングの方法についても、両走者の練習時の疾走速度を徐々に上げながら慣れるといった内容が一貫して見られ、具体的な方法の変化や進展はあまり認められませんでした（研究上の課題1）。

　次に、これまでの4×100mリレーに関する研究についてです。4×100mリレーでは両走者の疾走速度の一致が重要であり、自分の疾走を行うだけでなく、相手の疾走速度や互いの距離感を見極めながら疾走するといった、個人競技とは異なる競技特性があることが明らかとなりました。また、極端に長い手挙げ時間は、受け走者の疾走に悪影響を与え、バトンパス完了位置は、両走者の疾走能力の高さと関係があることが明らかになりました。しかし、渡し走者・受け走者のどちらの疾走がTOZ付近のバトン移動速度に影響を与えるのかという点や、OHPとUHPのどちらが有効なパス方法であるかという点は明らかになっていません。また、コーチング方法やトレーニング方法に関する研究はほとんど見られないことが分かりました。そして、これまでの4×100mリレーに関する研究対象者はリレー習熟度の高い大学生以上であることが多く、リレーの経験があまりないジュニア期（U19）の選手に焦点を当てた研究が少ないことも明らかとなりました。

1　リレー研究の方法論

　このようにこれまでの情報を整理していくと、コーチング現場で求められていることと、研究として行っていることに乖離があるように思えてきます。研究では、計測できる範囲のことをデータによって説明しているにとどまり、コーチの立場からすると、もう一歩踏

み込んだ話が欲しい、実践に活きる話が欲しいというところでしょう。選手の競技力向上のために、具体的に応用可能な知見を提供することも研究の役目であると私は考えています。

　この問題を理解するためには、研究手法についての理解が必要になります。少し学術的な話になりますが、我々が身の回りのできごと（事象）を捉えるには、物体の形や動き、特徴を「情報」として捉える必要があります。この情報には「量的情報」と「質的情報」の2種類があります。スポーツに引き寄せながら考えていきましょう。

　量的情報は、運動者を外から観察しその経過を客観的な空間軸や時間軸で数的に捉えたものです。「移動の速さ」「はたらいた力の大きさ」「関節の角度」などです。量的情報は統計的な処理が可能であり、誰に対しても適用可能な一般的な法則性を見出すことに長けています。しかし、現象固有の特質や細部の差異などが除去されるという短所もあります。4×100mリレーで例えるなら、ある時のリレーのバトンパスは少し修正点があるもののバトンを渡すことができ、別の時のバトンパスは非常にうまくいき修正箇所は見当たらなかったとします。この2つのバトンパスは「バトンパス」という点では類似した動作をしていますから、疾走速度や、動作に関する数値を平均化することが可能です。しかし、両バトンパスは選手（もしくは指導者）が抱く出来栄えが異なります。したがって、厳密には「異なる意味を持つバトンパス」と評価すべきともいえます。そう考えると、この両バトンパスから得られる数値を単純に平均化することには問題が生じます。現場のコーチは数的な評価とともに、「修正箇所」について選手とコミュニケーションを取り、「修正方法」を知りたいと考えるかと思います。

　それに対して質的情報は、対象の持つ情報の意味合いや周囲との関係を表した情報です。例えば、言葉や文章などが質的情報にあたります。質的情報は、対象と周囲の状況の関係性を維持したまま、対象の変化をありのまま捉えることに長けている（フリック，2011）といわれています。4×100mリレーで例えるならば、「●●で少し失敗したような気がした」とか「少しスタートが早かったと感じた」といった情報です。画像やデータでは失敗もしていないし、スタートが早かったわけでもないが、選手がこのように感じたことは事実であり、その意識に基づいて選手は疾走速度を緩めたり、手を挙げる位置の工夫をしたりすることでしょう。このような選手の心理的な変化や周辺環境から受ける影響はなかなか数的に表現することはできませんが、コーチング現場では極めて重要な情報となります。

　これまでのリレー研究の方法は、走者の動作をカメラで撮影し、疾走速度や関節角度と

いった量的情報を取得しているもの（量的研究）が多く見られます。4×100m リレーは、個人が100mを疾走することとは異なり、TOZ 内では相手の疾走や両者の距離を見る必要性は明らかであり、疾走時の速度や関節角度以外にも多くの心理的要因が存在すると思われます。また、4×100m リレーは 400m トラック一周を 4 人の走者が疾走をします。したがって、第 1、3 走者のように曲走路が疾走のほとんどを占める走者もいれば、第 2 走者のように走り始めや走り終わりのみ曲走路に該当し、ほとんどは直走路を疾走する選手もいます。また、セパレートレーンで疾走するため、第 1 レーンと第 9 レーンとのコーナーのきつさ（曲率）の違いも生じます。このような走者を取り巻く環境要因も疾走に大きく影響を与えるかもしれません。このような心理的要因や環境要因から受ける走者の影響までを含めた、個々のバトンパスの意味合い（意味構造）にも注目すべきだと私は考えます。コーチング場面では過度に身体位置などの分析は避け、パフォーマンスに影響する心理的要因や環境要因などへの注目が重要だという指摘（Knudson & Morrison, 2007）と同感です。このような数値では測りにくい要素（質的情報）に注目した研究は「質的研究」とよばれています。これまでの研究の中で 4×100m リレーにおける心理的要因を検討したものは、OHP と UHP の受け走者の動作を対象に、実施しやすいバトンパス方法を二択でアンケートをした報告（佐久間ほか、2008）にとどまり、リレーに関する心理的要因はほとんど明らかになっていないのが現状です（研究上の課題 2）。そして環境要因については、4×100m リレーは、直走路や曲走路といった走路の形状や、TOZ 内で渡し走者・受け走者が同時に疾走する点など、リレー競技は明らかに個人種目 100m とは異なる環境下にあるものの、この環境要因が選手の疾走やバトンパスに与える影響については、これまで明らかにされていません（研究上の課題 3）。やはり、量的情報を中心とした研究に加えて質的情報に注目する必要があると考えられます。

　スポーツ現場で指導をしていて、「この方法が良い」「この方法はだめだ」という正解が欲しいところですが、コーチングには「この方法が必ず良い」という正解は存在しないと私は思っています。なぜなら、選手の動作やパフォーマンスを評価するためのパラメータ（変数）が極めて多く存在するからです。さらに 4×100m リレーのような、相手走者が存在する状況下で手挙げ方法などの是非を論じるには、その他の要因をコントロールする（一定とみなす）ことが重要です。そもそも多様な変数を統制しきることができるのでしょうか。要素に切り分けて分析し、それらを統合してみても全体として良い動きを再現することには直結しません。コーチング学はその場の状況や環境などの複数要因（全体）を

踏まえた、いくつかの最適解を導き出す方法の学問だと私は考えます。

2 リレーにおける「質的要因」

　前項では、質的情報について言及しました。量的情報とは異なり、計測しにくい「質」をどのように研究すればよいのでしょうか。スポーツ動作は、人間が周囲の環境を把握し、到達したい目的（ボールを打つなど）に向けて判断し、動作を遂行し、その動作の結果を把握し、次の判断を行う、この流れが循環的に継続するものと捉えることができます。大まかな例えですが、バスケットボールでは、自分がシュートを打ちたい（動作の目的）が、目の前に相手がいる（把握）、他の味方にパスをすべきか、自分がドリブルでカットインすべきか決め（判断）、今回はパスを選択した（行動）、しかし相手ディフェンスの手に当たった（把握）……という流れです。

　スポーツの中に「スポーツ運動学」という分野があります。スポーツ運動学とは、20世紀初頭のヨーロッパで、体育実践の側から体育の指導を基礎づけようとして生まれたものです（朝岡, 1999）。その思想的背景などは本書では割愛しますが、その祖であるマイネルは、運動者の動作は、常に周辺環境との対峙によって構成され、この対峙を考慮に入れず、運動を要素で切り離した運動の考察には限界がある（マイネル, 1981）としています。動作全体を把握したいからといって、時間軸を細分化したり、特定の部位に注目し分析をし、それらを最後に集約したとしても動作全体の解明にはならないということです。つまり、スポーツ選手の動作を外から量的情報として取得して、要素に切り分けて特徴を明らかにしたとしても、その他の要素が多く存在する上、動作の実施方法、つまり「技術」まで明らかになったとはいえないのです。現場の指導者が知りたいことは、動作の状態や特徴はもちろんのこと、選手の技術向上方法であり、指導者の技術指導法だと思います。

　スポーツ運動学の考え方に基づくと、運動者の技術は、選手の実戦場面で最適行動のための実践力である（金子, 2005a）とされ、技術は「カン」を主軸にして、それに「コツ」の身体知が絡み合っている（金子, 2007）とされています。「コツ」、「カン」という言葉は、日常で用いる言葉なので、学術の概念説明に登場すると少し違和感を覚える方もいらっしゃるかもしれません。「カン」は、情況投射化的身体知とよばれ、さまざまに変化する情況（周囲の様子）に応じて、どのように動くのか判断する能力のこと（金子, 2007）とされています。また、「コツ」は、自我中心化的身体知とよばれ、自身の動きに向けた意識のこ

と（金子，2007）とされています。

　自身の動作に作用する意識性という点で，「コツ」は心理的要因と言い換えることができ，周囲の状況との関係性に着目しているという点で，「カン」は環境要因と言い換えることもできると思います。「カン」や「コツ」は、当然ながら数的に表現することはできません。カメラで撮影して観察するだけでは明らかになりません。運動を行っている選手本人に聞いてみないと分からなかったり、もしかしたら、偶然その技術ができたに過ぎず、選手本人も認識できていなかったりすることもあるかもしれません。指導者自身はその運動のことをよく理解していても、選手が理解できていなかったり、選手が理解をしていても動作がうまくできなかったりする場合もあるでしょう。コーチング現場は、このような選手の技術の習得や、選手がもつ感覚意識の向上に苦労していることと思います。決して、動画撮影をして「どうぞ見てごらん」だけで済ませてはならず、指導者の工夫と時間が必要な部分だと思います。

　このような「コツ」、「カン」に関する研究は、バスケットボール（大山・鈴木，2012）や、ハンドボール（船木・會田，2016）のように球技種目を対象とした研究で多く行われています。陸上競技では、砲丸投げを対象としたもの（小山・青山，2002）や、やり投げを対象としたもの（小山・青山，2003）のようにフィールド種目で事例が見られるものの、トラック種目や、本書で扱っているような4×100mリレーの「コツ」と「カン」については明らかになっていないのが現状です。陸上競技は測定競技（競技結果が時間や長さといった数値で表される）であることからも、動作を外から観察、評価することが研究や指導の中心になっているようにも感じます。私は、4×100mリレーの研究では、スポーツ運動学の考え方を用いながら、心理的要因や環境要因の関連性に着目した研究が必要である（研究上の課題4）と考えています。

3　4×100mリレーに関する研究上の課題

　これまでの4×100mリレーの研究上の課題を整理すると以下のようにまとめられます。次章Ⅳ章で研究全体の目的を明らかにし、Ⅴ章以降で各課題に対して具体的に研究を進めていきます。

1. TOZ付近の走者の疾走パフォーマンスの向上方法が明らかになっていない。
2. TOZ付近の疾走に関する心理的要因の内容およびその影響が明らかになっていない。

3. TOZ付近の疾走に関する環境要因の内容および影響が明らかになっていない。
4. TOZ付近の疾走の技術を構成する質的要因間の関係が明らかになっていない。

Ⅳ章　研究目的と研究課題

　本書の研究課題の全体像は図 19 のとおりです。研究課題 1 について見ると、OHP や UHP といったパス方法に関する研究（佐久間ほか，2008；福島ほか，2010；太田・麻場，2019）は類似した研究内容であってもその結果が異なり考察が分かれています。これは人間の動作が複雑系（要素がたくさんある）であり、人間の動作を要素に分けてデータを取得しようとする手法に限界があることを示しています。両走者が TOZ 付近の疾走を行う際の質的な要因を踏まえる必要性を示していると考えられます。まずは、これまでのリレー研究（量的研究）で得られている知見に、質的要因がどのように介在しているのか検討をする必要があります。研究対象はリレー競技の習熟度を高める段階にあるジュニア期とし、質的要因が走者の疾走パフォーマンスに影響を与えているのかを明らかにします（研究課題 1）。そして、個人種目 100m とリレーの環境条件の差が TOZ 付近の両走者の疾走やバトンパスにどのような影響を与えるのか明らかにし（研究課題 2）、リレーの習熟度が高い選手が TOZ 付近を疾走する際に抱く意識内容とその内容の関係性について明らかにしていきます（研究課題 3）。そして研究課題 1～3 で得られた知見をもとに、新しい TOZ 付近の疾走パフォーマンスの向上方法を提案しその検証を行うこととします（研究課題 4）。

　このように、研究課題 1～4 を通して、本書ではジュニア期を対象とした 4×100m リレーの TOZ 付近における走者の環境要因や心理的要件といった質的要因を明らかにし、TOZ 付近の走者の疾走パフォーマンスの向上方法の提案を行うことを目的とします。

　本書によって、DM 距離の決定やスムーズなパス動作が目的となっていたこれまでのリレーコーチングから、TOZ 全体の走者の疾走パフォーマンス向上を目的としたコーチングへの変容が期待できます。TOZ 付近の走者の疾走パフォーマンス向上は、バトン移動速度の向上をもたらし、さまざまなチームの 4×100m リレーの記録水準の向上への寄与が期待できます。

IV章 —— 研究目的と研究課題

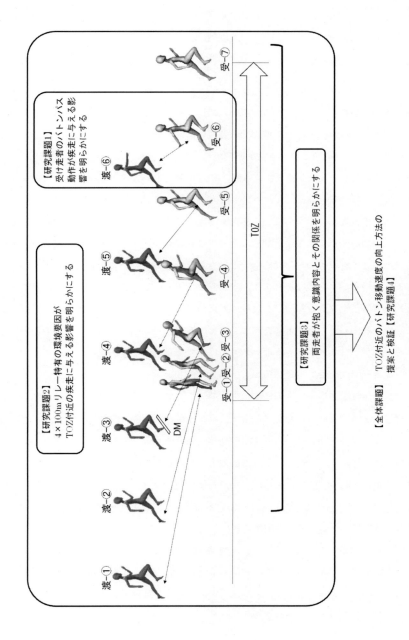

図 19 研究課題の概要

V章　受け走者のパス方法や手挙げ時間の違いが走者の疾走に与える影響について（研究課題1）

1　目的

　本書の目的は、走者の意識内容や環境条件に注目し、TOZ付近の走者の疾走パフォーマンス向上方法の提案を行うことです。そのための研究課題としてTOZ付近の疾走に関する心理的要因、環境要因の影響や要因間の関係の解明を掲げました。これまでのリレー研究は、パス動作やパス位置に関する量的研究が多いことが前章までに明らかとなりました。パス方法についてみると、実際の競技場面では、OHPであってもバトンパスの腕の挙上が低くなっている場合や、UHPであっても後方から渡し走者が追いつけず受け走者がバトンパスの腕を後方に高く挙上している場合も考えられます。受け走者の手挙げ時間に関して、手挙げ時間が短くても選手が加速できていない場合や手挙げ時間が長い場合は、そもそも後方の渡し走者が追いついてこないという意識を持っているため、受け走者の疾走速度が低下していることも考えられます。つまり、両走者の実際のバトンパス場面を対象とした量的研究は、受け走者がTOZ付近の疾走時に抱くさまざまな意識内容への考慮がないまま動作を計測していることになります。そのため、パス動作に関する類似の研究間で得られる結果が異なり、さまざまなパス方法に関する見解の相違が見られるのでしょう。

　そこで本研究では、受け走者に注目し、後方の渡し走者への意識を除いた条件下でパス方法やパス動作時間と疾走タイムや疾走動作を分析します。受け走者について、後方渡し走者への意識を除いているにもかかわらず、パス方法やパス動作時間の差によって疾走速度や疾走動作に差が生じれば、パス方法や動作時間そのものが疾走速度に影響を与えていると結論づけられます。一方、受け走者の後方走者への意識を除いているにもかかわらず、パス方法や動作時間の違いで疾走速度や疾走動作に差がなければ、これまでのリレー研究で明らかとなっている、パス方法やパス動作時間の差による疾走速度の差が、パス動作から生じる意識内容によるものと解釈できます。

　本章（研究課題1）では、TOZ付近を疾走する際に受け走者にはたらく意識を除いた条件を用意した上で、バトンパス動作の方法や手挙げ時間と受け走者の疾走パフォーマンスとの関係について分析し、バトンパス動作そのものがTOZ付近の疾走にどのような影響を与えるのかを明らかにしていきます。

2 方法

(1) 研究対象者

　研究対象者は、高校および大学男子陸上競技部の短距離選手10人（高校生6人、大学生4人、年齢17.8±1.6歳、競技経験年数3.50±1.51年、身長171.1±5.1cm、体重61.0±5.2kg、100m走の最高記録11.57±0.18秒）としました。研究対象者は全員が当該高校および大学チームのリレーメンバーであり、個人種目で県大会入賞以上の結果を持つ選手はおらず、部活動として陸上競技に取り組んでいる選手でした。いずれもOHPでバトン練習を行っていました。UHPの経験がある研究対象者はおらず、いずれの研究対象者も疾走に影響をするような傷害はありませんでした。本実験に先立ち、研究対象者には研究の目的および実験参加に伴う危険性について十分な説明を行った上で実験を行いました。

(2) 測定条件

　本章（研究課題1）では、バトンの受け走者の後方から渡し走者が接近してくるかといった、受け走者の意識を除去するため、渡し走者から受け走者へと実際にバトンパスを行う動作は実施していません。疾走方法は、パス動作を想定した手挙げを行わず単独で疾走をする「通常疾走」、OHPを想定した高い手挙げ動作を行う疾走は、手挙げ時間の短い「High-Short疾走」、手挙げ時間の長い「High-Long疾走」を行いました。UHPを想定した低い手挙げを行う疾走は、手挙げ時間の短い「Low-Short疾走」、手挙げ時間の長い「Low-Long疾走」の計5走法としました。図20に示すとおり、ワイヤレスタイム計測システム（S&Cコーポレーション社製Dashr）を0m地点（TOZ-in）と30m地点（TOZ-out）に設置し、受け走者のTOZ所要時間を計測しました。12.5m、22.5m、27.5m地点の3か所にセンサースピーカー1～3（光電管センサー：Omron社製E3JM-R4M4T、スピーカー：uxcel社製電子ブザーDC3V-24V100dB）を設置しました。センサースピーカー1は、受け走者の手挙げ動作開始の合図とし、センサースピーカー2、3は手挙げ動作終了合図としました。受け走者の疾走を撮影するカメラ（SONY社製DSC-RX0）を4台使用し、10.0m地点から20.0m地点の疾走動作を撮影するためにカメラ1、2を、20.0m地点から30.0m地点の疾走動作を撮影するためにカメラ3・4を配置しました。受け走者の通過と同時に発光するセンサーライト1、2（光電管センサー：Omron社製E3JM-R4M4T、ライト：Cartist社製LEDサイドマーカーレッド）を10.0m地点と20.0m地点に配置しました。そして、センサーライト1

の発光をカメラ1・2で、センサーライト2の発光をカメラ3、4で撮影し同期信号として用いました。

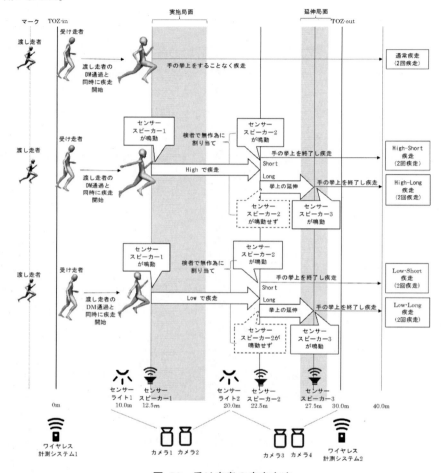

図 20 受け走者の疾走方法

(3) 試技内容

全天候型の走路を用い、全ての疾走区間が直走路になるように配置をしました。図 20 に示したとおり、受け走者の疾走動作は、「通常疾走」「High-Short 疾走」「High-Long 疾走」「Low-Short 疾走」「Low-Long 疾走」の計 5 種類を実施しました。「通常疾走」はパス動作を想定した手挙げ動作を行わずに、0m 地点から 40m 地点まで最大努力で疾走を行いまし

た。他の 4 走法は、OHP を想定した高い手挙げ動作か、UHP を想定した低い手挙げ動作を行うのかをあらかじめ検者で指定した上で研究対象者に疾走を行ってもらいました。手挙げの高さについては、研究対象者が日常的に OHP を実施しているため、OHP は「日頃練習をしているとおり、手を高く挙げて肘を伸ばし利得距離が延びるようにすること」と指示をし、UHP については「肘を伸ばし、手のひらを斜め下向きにして臀部のすぐ斜め後ろに出すこと」と指示をしました。

　受け走者の疾走開始は、リレー競技時の受け走者のスタート方法と同じように、渡し走者が受け走者の後方から接近し、所定のマーク（図 20 マーク）の通過を合図とし、スタンディングスタートで疾走動作を開始しました。受け走者は、疾走動作の途中にあるセンサースピーカー1（12.5m地点）の合図によって、事前に指定されたパス動作を想定した手挙げ動作を行い、その姿勢を維持しながら疾走を行いました。その後、検者側で無作為に割り当てた、センサースピーカー2（22.5m 地点）もしくは 3（27.5m 地点）の合図によって手挙げ動作を終了しました。手挙げ動作がセンサースピーカー1 から 2 の間で実施された場合は「Short 疾走」、1 から 3 の間で実施された場合は「Long 疾走」としてデータを取得しました。各選手、全疾走法を 2 回実施し、各試技の間には十分な休息を取ってもらいました。なお、センサースピーカー1、2、3 の位置は、研究対象者の競技水準に近いチームのリレーレース（全 6 レース 46 チーム）のパス動作開始位置、パス動作終了位置、パス動作が延伸した場合の終了位置を参考にした上で決定をしました。検者側でセンサースピーカー2、3 の手挙げ終了合図を切り替えることで、バトンパス時間に関する意識を再現し、手挙げ動作の高さと手挙げ動作の時間に関する検討を行いました。

（4）測定項目

　測定局面は図 21 に示したとおりです。受け走者の身体部位は、バトンパスを想定した手挙げ動作を行う側を「手挙げ側」、手挙げ動作をしない側を「非手挙げ側」としました。測定局面は、センサースピーカー1 がある 12.5m 地点以降で、最初に非手挙げ側の足部が地面から離れた時点から 2 サイクル（4 歩分）を「実施局面」とし、センサースピーカー3 の手挙げ動作終了の合図音の前の、最後に非手挙げ側の足部が地面から離れた時点からさかのぼった 1 サイクル（2 歩分）を「延伸局面」としました。カメラの撮影速度は毎秒 240 コマ（fps）としました。測定項目は、受け走者が疾走動作を行う 0m地点から 30m 地点までの「TOZ 所要時間（sec）」、実施局面、延伸局面の「重心移動速度（m/sec）」「ピッ

チ（step/sec）」「ストライド（m/step）」「接地時間（sec）」「滞空時間（sec）」、さらに図22に示したように、「①手首高（m）」「②肩関節角度（deg）」「③肘関節角度（deg）」「④股関節角度（deg）」「⑤膝関節角度（deg）」としました。重心移動速度は、各局面内の平均重心移動速度を表し、ストライドは、各局面開始から終了までの重心移動距離を歩数で除して（割って）求めました。ピッチは、実施局面と延伸局面の各局面の歩数からその進行に要した時間を除する（割る）ことによって求めました。接地時間は、各局面内の接地時において前足部が地面に接して固定された時点から動き始めるまでの時間を測定し、1歩当たりの平均値を求めました。滞空時間は、支持脚の前足部が動き始めてから反対側の足が接地し前足部が固定されるまでの時間を測定し、1歩当たりの平均値を算出しました。図22に示すように、「①手首高」は、手首の高さの最大値とし、「②肩関節角度」は、胸骨上縁から身体重心と肩峰から肘関節のなす角度とし、「③肘関節角度」は肩峰から肘関節と、肘関節から手首のなす角度としました。「④股関節角度」は胸骨上縁から身体重心と、股関節大転子と膝関節のなす角度とし、「⑤膝関節角度」は股関節大転子と膝関節、膝関節と足関節のなす角度としました。関節角度は最大伸展角度（以下、伸展角度）、最大屈曲角度（以下、屈曲角度）、可動域（最大伸展と最大屈曲の差）の3項目を算出しました。

　動作解析には3次元動作解析ソフトウェア（Frame-DIASIV、DKH社製）を用いました。コンピュータに取り込んだ画像をもとに、阿江（1996）を参考に身体23点（頭頂、耳珠点、左右肩峰、胸骨上縁、左右肘関節中心、左右手関節中心、左右第3中手指節関節左右肋骨下端、左右股関節大転子、左右膝関節中心、左右足関節中心、左右踵骨隆起、左右つま先）をデジタイズし3次元位置座標を取得し、身体部分慣性係数を用いて身体重心位置を算出しました。得られた座標データは、Butterworth low-pass digital filterを用いて平滑化を行い、遮断周波数は3Hzとしました。本章（研究課題1）では選手の前後方向をX軸（研究対象者の進行方向を正）、選手の左右方向をY軸（研究対象者の右方向を正）、鉛直方向をZ軸（研究対象者の鉛直上向きを正）とし、各データは全てX-Z平面上における値を算出しました。

　手挙げの終了合図がセンサースピーカー2か3のどちらになっても、実施局面では手挙げ動作を行っているため、Short疾走かLong疾走かに関係なく、High疾走、Low疾走の試技の中で最も重心移動速度の高かった試技を研究対象者の実施局面のデータとして採用しました。延伸局面は、手挙げの時間が長い疾走動作として、High-Long疾走、Low-Long各疾走2回疾走しており、その各2回の中で最も重心移動速度の速かった試技を延伸局面

Ⅴ章 ─── 受け走者のパス方法や手挙げ時間の違いが走者の疾走に与える影響について（研究課題 1）

の研究対象者データとして採用しました。得られたデータは、一元配置分散分析（対応あり）を用いて有意差を検討し、群間差が有意であると認められた場合には、Holm 法を用いて多重比較を行いました。いずれの分析も有意水準は 5%未満としました。

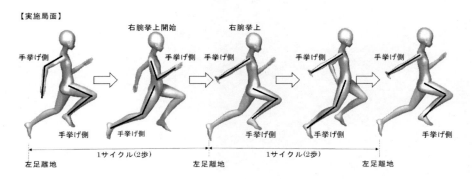

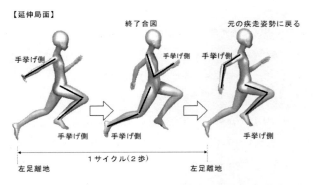

図中、実線で示しているのが、拳上側である。図は、右手をパス側と想定したものある。非拳上側である左足が離地した時点から 2 サイクル経過後、非拳上側の左足が離地した時点までを「実施局面」とした。非拳上側である左足が離地した時点から 1 サイクル経過後、非拳上側の左足が再び離地した時点までを「延伸局面」とした。

図 21　受け走者の測定部位と局面

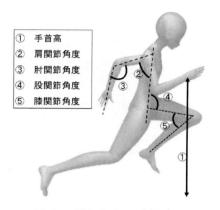

図 22 測定項目（手首高、関節角度）

3 結果

(1) 疾走速度、ピッチ、ストライド、接地時間、滞空時間（表 7、表 8）

TOZ 全体の所要時間について、5 つの疾走法間のパフォーマンスタイムの有意差は認められませんでした（表 7：項目 1〜5）。局面ごとの手挙げ方法別の疾走速度、ピッチ、ストライド、接地時間、滞空時間についてみると、実施局面のピッチ（表 8 項目 2）で疾走法間に有意差が認められ（$F(2,9)=4.11$、$p<.05$）、High 疾走は通常疾走よりも有意に低値を示しました（$p<.05$）。また、実施局面のストライド（表 8 項目 3）で疾走法間に有意が認められ（$F(2,9)=4.97$、$p<.05$）、High 疾走は通常疾走より有意に高値を示しました（$p<.05$）。延伸局面（表 8 項目 6〜10）はいずれの項目でも有意差は認められませんでした。

表 7 TOZ（0-30m）全体の所要時間

項目	疾走法		平均±SD (sec)	F 値	p 値
1	通常疾走		3.49 ± 0.11		
2	High疾走	Short	3.53 ± 0.07		
3		Long	3.50 ± 0.08	0.79	0.54
4	Low疾走	Short	3.50 ± 0.08		
5		Long	3.52 ± 0.06		

V章 ──── 受け走者のパス方法や手挙げ時間の違いが走者の疾走に与える影響について（研究課題1）

表 8　局面ごとのパフォーマンス指標

通：通常疾走, H：High疾走, L：Low疾走, * $p < .05$

項目				手の挙上なし 通常疾走 平均 ± SD	手の挙上あり High疾走 平均 ± SD	Low疾走 平均 ± SD	F値	p 値	多重比較
1	実施局面	疾走速度	(m/sec)	8.43 ± 0.26	8.52 ± 0.18	8.47 ± 0.19	1.80	0.41	
2		ピッチ	(step/sec)	4.78 ± 0.19	4.68 ± 0.22	4.72 ± 0.25	4.11	$p < .05$	通>H*
3		ストライド	(m/step)	1.77 ± 0.09	1.83 ± 0.10	1.80 ± 0.11	4.97	$p < .05$	H>通*
4		接地時間	(sec)	0.06 ± 0.01	0.06 ± 0.01	0.06 ± 0.01	0.93	0.41	
5		滞空時間	(sec)	0.12 ± 0.01	0.12 ± 0.01	0.11 ± 0.01	0.61	0.55	
6	延伸局面	疾走速度	(m/sec)	8.92 ± 0.34	8.92 ± 0.24	8.97 ± 0.25	0.89	0.37	
7		ピッチ	(step/sec)	4.72 ± 0.34	4.73 ± 0.26	4.78 ± 0.29	0.31	0.74	
8		ストライド	(m/step)	1.90 ± 0.18	1.89 ± 0.12	1.88 ± 0.13	0.16	0.85	
9		接地時間	(sec)	0.07 ± 0.01	0.07 ± 0.01	0.07 ± 0.01	0.003	1.00	
10		滞空時間	(sec)	0.10 ± 0.01	0.10 ± 0.01	0.10 ± 0.01	0.15	0.86	

表 9 局面ごとの身体の関節角度

通：通常疾走, H：High疾走, L：Low疾走
* $p<.05$, ** $p<.01$, *** $p<.001$

項目					手の挙上なし 通常疾走 平均	SD	手の挙上あり High疾走 平均	SD	Low疾走 平均	SD	F値	p値	多重比較
1	実施局面	上肢	手挙げ側	手首高 (m)	1.08 ±	0.05	1.18 ±	0.08	0.99 ±	0.07	34.53	$p<.001$	H>通***, 通>L***, H>L***
2			非手挙げ側	手首高 (m)	1.07 ±	0.07	1.06 ±	0.07	1.01 ±	0.04	10.59	$p<.001$	通>L**, H>L**
3				伸展 (deg)	48.39 ±	14.51	47.21 ±	15.24	44.64 ±	8.84	0.64	0.54	
4			肩	屈曲 (deg)	33.00 ±	5.56	23.45 ±	6.07	20.37 ±	5.69	29.12	$p<.001$	通>H***, 通>L***
5				可動域 (deg)	81.39 ±	16.75	70.66 ±	17.57	65.01 ±	9.25	8.51	$p<.01$	通>H*, 通>L**
6				伸展 (deg)	159.01 ±	18.26	144.81 ±	14.28	137.98 ±	16.40	5.17	$p<.05$	
7			肘	屈曲 (deg)	80.90 ±	11.62	76.54 ±	13.14	85.06 ±	8.43	5.67	$p<.01$	L>H*
8				可動域 (deg)	78.11 ±	19.60	68.27 ±	17.55	52.92 ±	13.81	9.05	$p<.01$	通>L**, H>L*
9		下肢	手挙げ側	伸展 (deg)	182.24 ±	5.28	184.05 ±	7.33	180.53 ±	2.89	1.51	0.25	
10				屈曲 (deg)	103.15 ±	3.72	106.00 ±	8.31	112.24 ±	4.92	22.36	$p<.001$	L>通***, L>H***
11			股	可動域 (deg)	79.09 ±	6.25	78.05 ±	11.06	68.29 ±	5.55	14.71	$p<.001$	通>L***, H>L***
12				伸展 (deg)	151.96 ±	7.35	147.72 ±	5.11	145.51 ±	5.39	3.61	$p<.05$	通>L*
13			膝	屈曲 (deg)	64.35 ±	10.42	68.30 ±	10.74	78.51 ±	7.65	12.63	$p<.001$	L>通***, L>H**
14				可動域 (deg)	87.60 ±	12.60	79.42 ±	9.70	67.00 ±	10.19	14.04	$p<.001$	通>L***, H>L*
15				伸展 (deg)	184.91 ±	6.22	186.50 ±	3.36	183.53 ±	4.93	1.06	0.37	
16			股	屈曲 (deg)	110.06 ±	8.26	112.20 ±	8.30	113.44 ±	6.64	0.68	0.52	
17			非手挙げ側	可動域 (deg)	74.85 ±	11.23	74.30 ±	8.83	70.09 ±	8.82	1.14	0.34	
18				伸展 (deg)	153.42 ±	5.74	152.29 ±	3.18	151.14 ±	4.35	0.77	0.48	
19			膝	屈曲 (deg)	70.09 ±	7.64	69.04 ±	12.54	79.41 ±	11.95	3.91	$p<.05$	L>通*, L>H*
20				可動域 (deg)	83.33 ±	9.52	83.25 ±	13.37	71.73 ±	13.49	4.12	$p<.05$	通>L*, H>L*
21	延伸局面	上肢	手挙げ側	手首高 (m)	1.14 ±	0.04	1.28 ±	0.10	0.97 ±	0.08	47.86	$p<.001$	H>通***, 通>L***, H>L***
22			非手挙げ側	手首高 (m)	1.14 ±	0.05	1.09 ±	0.06	1.06 ±	0.07	15.43	$p<.001$	通>H**, 通>L***
23				伸展 (deg)	47.25 ±	8.64	47.24 ±	12.95	48.01 ±	10.86	0.06	0.94	
24			肩	屈曲 (deg)	27.72 ±	6.53	27.38 ±	9.15	27.48 ±	11.12	0.01	0.99	
25				可動域 (deg)	74.96 ±	12.31	74.63 ±	15.26	75.48 ±	19.76	0.02	0.98	
26				伸展 (deg)	146.71 ±	16.93	145.80 ±	11.79	147.00 ±	7.39	0.04	0.96	
27			肘	屈曲 (deg)	74.58 ±	14.38	77.01 ±	13.00	81.25 ±	11.71	2.62	0.10	
28				可動域 (deg)	72.14 ±	23.11	68.79 ±	16.29	65.75 ±	14.70	0.85	0.44	
29		下肢	手挙げ側	伸展 (deg)	192.73 ±	6.57	185.21 ±	5.30	184.83 ±	9.56	6.37	$p<.01$	通>H*, 通>L*
30				屈曲 (deg)	111.43 ±	9.44	107.14 ±	9.68	112.47 ±	11.03	4.02	$p<.05$	L>H*
31			股	可動域 (deg)	81.30 ±	11.49	78.07 ±	9.70	72.36 ±	15.19	2.59	0.10	
32				伸展 (deg)	151.72 ±	7.64	149.07 ±	5.22	147.11 ±	5.38	1.45	0.26	
33			膝	屈曲 (deg)	66.68 ±	7.50	64.50 ±	8.73	63.86 ±	9.31	1.91	0.18	
34				可動域 (deg)	85.04 ±	8.55	84.56 ±	10.78	83.25 ±	11.84	0.20	0.82	
35				伸展 (deg)	192.23 ±	6.47	189.04 ±	8.54	194.41 ±	5.55	3.07	0.07	
36			股	屈曲 (deg)	115.55 ±	5.61	110.86 ±	7.42	112.14 ±	8.91	2.26	0.13	
37			非手挙げ側	可動域 (deg)	76.68 ±	8.67	78.19 ±	8.02	82.27 ±	11.87	1.39	0.27	
38				伸展 (deg)	154.03 ±	5.98	154.57 ±	9.52	154.37 ±	6.40	0.02	0.98	
39			膝	屈曲 (deg)	65.20 ±	10.21	65.33 ±	12.97	67.85 ±	11.61	0.87	0.44	
40				可動域 (deg)	88.83 ±	9.41	89.24 ±	12.00	86.51 ±	12.36	0.47	0.63	

(2) 関節角度について

①実施局面

　局面ごとの、通常疾走、High疾走、Low疾走といった走法別の手首高や関節角度について見ると（表 9）、上肢について、手挙げ側の手首高（表 9 項目 1）は、疾走法間で有意差が認められ（$F(2,9)=34.53$、$p<.001$）、High疾走は通常疾走より有意に高値を

示し（$p<.001$）、Low疾走は、通常疾走、High疾走のどちらに対しても有意に低値を示しました（$p<.001$、$p<.001$）。

非手挙げ側の手首高（表9項目2）は、疾走法間で有意差が認められ（$F(2,9)=10.59$、$p<.001$）、Low疾走は、通常疾走、High疾走のどちらに対しても有意に低値を示しました（$p<.01$、$p<.01$）。

非手挙げ側の肩関節角度（表9項目3~5）は、屈曲角度と可動域で疾走法間の有意差が認められました（屈曲：$F(2,9)=29.12$、$p<.001$、可動域：$F(2,9)=8.51$、$p<.01$）。屈曲角度（表9項目4）では、High疾走は通常疾走よりも有意に低値を示し（$p<.001$）、Low疾走は通常疾走より有意に低値を示しました（$p<.001$）。可動域（表9項目5）では、High疾走は通常疾走より低値を示し（$p<.05$）、Low疾走は通常疾走より有意に低値を示しました（$p<.01$）。

非手挙げ側の肘関節角度（表9項目6〜8）は、伸展角度、屈曲角度、可動域の全てで疾走法間の有意差が認められました（伸展：$F(2,9)=5.17$、$p<.05$、屈曲：$F(2,9)=5.67$、$p<.05$、可動域$F(2,9)=9.05$、$p<.01$）。伸展角度（表9項目6）では、Low疾走は通常疾走より有意に低値を示し（$p<.05$）、屈曲角度（表9項目7）では、Low疾走はHigh疾走より有意に高値を示し（$p<.05$）、可動域（表9項目8）では、Low疾走は通常疾走、High疾走のどちらに対しても有意に低値を示しました（$p<.01$、$p<.05$）。

下肢について見ると、手挙げ側の股関節角度（表9項目9~11）は、屈曲角度と可動域で疾走法間の有意差が認められました（屈曲：$F(2,9)=22.36$、$p<.001$、可動域：$F(2,9)=14.71$、$p<.001$）。屈曲角度（表9項目10）では、Low疾走は通常疾走とHigh疾走のどちらに対しても有意に高値を示しました（$p<.001$、$p<.001$）。可動域（表9項目11）では、Low疾走は通常疾走とHigh疾走のどちらに対しても有意に低値を示しました（$p<.001$、$p<.001$）。

手挙げ側の膝関節角度（表9項目12〜14）は、伸展角度、屈曲角度、可動域の全てで疾走法間の有意差が認められました（伸展：$F(2,9)=3.61$、$p<.05$、屈曲：$F(2,9)=12.63$、$p<.001$、可動域：$F(2,9)=14.04$、$p<.001$）。伸展角度（表9項目12）では、Low疾走は通常疾走より有意に低値を示し（$p<.05$）、屈曲角度（表9項目13）では、Low疾走は、通常疾走、High疾走のどちらに対しても有意に高値を示しました（p

<.001、p<.01)。可動域（表 9 項目 14）では、Low 疾走は、通常疾走、High 疾走のどちらに対しても有意に低値を示しました（p<.001、p<.05）。

　非手挙げ側の股関節角度（表 9 項目 15〜17）では、疾走法間の有意差は認められませんでした。

　非手挙げ側の膝関節角度（表 9 項目 18〜20）は、屈曲角度、可動域で疾走法間の有意差が認められました（屈曲：$F(2,9)$=3.91、p<.05、可動域：$F(2,9)$=4.12、p<.05）。屈曲角度（表 9 項目 19）では、Low 疾走は通常疾走、High 疾走のどちらに対しても有意に高値を示し（p<.05、p<.05）。可動域（表 9 項目 20）では、Low 疾走は通常疾走と High 疾走のどちらに対しても有意に低値を示しました（p<.05、p<.05）。

②延伸局面

　上肢について見ると、手挙げ側の手首高（表 9 項目 21）は、疾走法間で有意差が認められ（$F(2,9)$=47.86、p<.001）、High 疾走は通常疾走よりも有意に高値を示し（p<.001）、Low 疾走は通常疾走、High 疾走のどちらに対しても有意に低値を示しました（p<.001、p<.001）。

　非手挙げ側の手首高（表 9 項目 22）は、疾走法間で有意差が認められ（$F(2,9)$=15.43、p<.001）、High 疾走は通常疾走よりも有意に低値を示し（p<.01）、Low 疾走も通常疾走よりも有意に低値を示しました（p<.001）。

　非手挙げ側の肩関節角度（表 9 項目 23〜25）、肘関節角度（表 9 項目 26〜28）では疾走法間の有意差は認められませんでした。

　手挙げ側の股関節角度（表 9 項目 29〜31）では、伸展角度、屈曲角度で疾走法間に有意差が認められ（伸展：$F(2,9)$=6.37、p<.01、屈曲：$F(2,9)$=4.02、p<.05）、伸展角度（表 9 項目 29）では、High 疾走は通常疾走よりも有意に低値を示し（p<.05）、Low 疾走も通常疾走より有意に低値を示しました（p<.05）。屈曲角度（表 9 項目 30）では、Low 疾走は High 疾走よりも有意に高値を示しました（p<.05）。

　手挙げ側の膝関節角度（表 9 項目 32〜34）、非手挙げ側の股関節角度（表 9 項目 35〜37）と膝関節角度（表 9 項目 38〜40）では、疾走法間の有意差は認められませんでした。

4 考察

　本章（研究課題1）の目的は、4×100mリレーにおけるTOZ内の疾走について、受け走者の手挙げ動作の方法や手挙げ時間の長さが、TOZ内のパフォーマンスタイムや疾走動作に与える影響を検討することにあります。そこで、手挙げ動作を実施しない通常疾走と、OHPを想定した手挙げの高いHigh疾走と、UHPを想定した手挙げの低いLow疾走を行いました。そしてHigh疾走、Low疾走それぞれの手挙げ時間を、手挙げ時間の短いShort疾走と、手挙げ時間の長いLong疾走の2種類を設定し、計5走法のパフォーマンスタイムや疾走動作を比較しました。手挙げ側の手首高が、High疾走、通常疾走、Low疾走の順で有意に低値を示したことから、High疾走の手挙げをOHP、Low疾走の手挙げをUHPの動作と捉えて考察を進めます。

（1）手挙げの高さの違いについて

　OHP、UHPといったバトンパス時の手挙げの高さが疾走速度や動作に与える影響について、表7によると、手挙げ方法の違いによるTOZ所要時間に有意差は認められませんでした。この点について、実施局面（表8）によると、High疾走は通常疾走に比べ、ストライドが有意に高まった（表8項目3）一方で、ピッチが有意に低下した（表8項目2）ことから、通常疾走やLow疾走の疾走速度との間に有意差が認められなかったと考えられます。

　また、表9によると、実施局面では、Low疾走の多くの項目で、通常疾走との有意差が認められました（表9項目1〜14）。これは、UHPの方がOHPに比べて疾走姿勢を崩しにくく、疾走速度が低下しにくいというこれまでの報告（尾縣、2007；日本陸上競技連盟、2013a；2013b）と異なる結果でした。

　続けて実施局面における上肢の関節角度（表9項目1〜8）について見ると、High疾走とLow疾走の肩関節の屈曲角度や可動域（表9項目4、5）は、通常疾走に比べて有意に小さなものでした。この理由としてHigh疾走とLow疾走ともに非手挙げ側の腕振り動作が、パス手挙げ動作による制限を受けていることが考えられます。さらにLow疾走は、肘関節の伸展角度、屈曲角度、可動域（表9項目6〜8）が通常疾走に比べ有意に低値を示しています。これらを踏まえると、Low疾走時の非手挙げ側の腕振りは、通常疾走と比べて「小さな腕振り」になったと考えられます。これまでの研究によると、100m走での腕振

りについて、ストライド型の選手は、肘の関節角度を変化させながら振る傾向にあり、ピッチ型の選手は肘関節の角度を変化させずに振る傾向がある（岡島ほか，1996）とされています。この点を踏まえると、本研究における Low 疾走の腕振りはピッチ型のものと類似していると考えられます。

　実施局面の下肢の関節角度（表 9 項目 9〜20）について見ると、Low 疾走時の手挙げ側の股関節の屈曲角度（表 9 項目 10）は、通常疾走、High 疾走と比べて有意に高値を示し、可動域（表 9 項目 11）が有意に低値を示しました。これらを踏まえると、Low 疾走時の下肢の動作は、いわゆる「ももが上がっていない走り」になっていたと考えられます（図 23）。それに加えて両側の膝関節の屈曲角度（表 9 項目 13〜19）は、High 疾走と比べ Low 疾走の方が有意に高値を示し、可動域は、Low 疾走が通常疾走や High 疾走に比べ有意に低値を示しました。これらの結果から、Low 疾走の脚動作は通常疾走や High 疾走と比べて膝関節の動きが小さくなっていると考えられます。これまでの研究によると、ストライド型の方がピッチ型よりも遊脚側（地面についていない脚）の股関節屈曲角度および膝関節屈曲角度が大きく、いわゆる「ももが上がった状態」である（豊嶋ほか，2015）とされています。この点を踏まえると、Low 疾走時の下肢の動作の特徴はピッチ型の疾走の特徴と類似していると考えられます（図 23）。

V章　受け走者のパス方法や手挙げ時間の違いが走者の疾走に与える影響について（研究課題1）

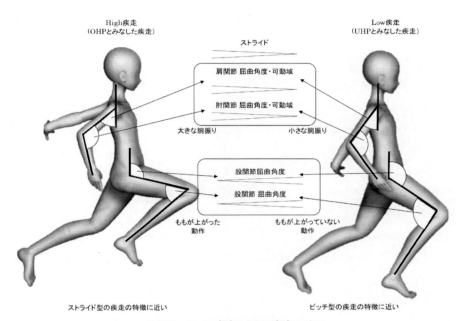

図 23　High 疾走、Low 疾走の違い

　延伸局面について見ると、走法間の疾走速度差は認められませんでした（表 8 項目 6）。延伸局面の各走法の動作に注目をすると、非手挙げ側の手首高（表 9 項目 22）で High 疾走、Low 疾走のどちらも通常疾走より有意に低値を示し、手挙げ側の股関節伸展角度（表 9 項目 29）も、High 疾走、Low 疾走のどちらも通常疾走より有意に低値を示しました。これは High 疾走、Low 疾走ともに、バトンパスのための手挙げ動作が同側（手挙げ動作をした側）の股関節の伸展動作や反対側の腕振り動作に影響を与えたといえます。

　以上を踏まえると、Low 疾走は、High 疾走と比べて、実施局面で上下肢ともに可動域の小さい動きとなり、これはピッチ型の疾走動作の特徴と類似していることが明らかとなりました。しかし本研究結果は、パス動作に見立てた手挙げ動作の伴う疾走を、関節角度の視点から観察したものです。この結果がコーチング現場に対して、ストライド型の選手は OHP が望ましく、ピッチ型の選手は UHP が望ましいと直ちに示唆するとは限りません。これまでの OHP と UHP の選択は、利得距離の大きさや疾走姿勢の維持のしやすさに重点が置かれてきました（日本陸上競技連盟, 2013b）が、手挙げ動作が疾走姿勢に与える影響を踏まえて選手の適性に応じたパス方法を選択する必要性を示唆するものといえま

す。

（2）手挙げ時間の長さについて

　受け走者の手挙げ時間が、TOZ内のパフォーマンスタイムや疾走動作に与える影響について見ると、TOZ全体の所要時間（表7 項目2vs.4、3vs.5）では手挙げ時間による有意差は認められず、疾走速度獲得のために手挙げ時間を短くした方がよいとする報告（日本陸上競技連盟、2013a）と異なるものでした。手挙げ時間の長さとTOZ全体の所要時間に関連性が認められない要因は、本研究とこれまでの研究との実験条件の差にあると考えられます。福島ほか（2010）や太田・麻場（2019）の実験条件は、両走者が互いに接近をして実際のパス動作を行っているため、受け走者は「バトンパスが成功するだろうか」、「バトンを受け取らなければならない」といったバトンパスの成否に関する意識を抱くことになります。一方で本研究は、受け走者があらかじめ定められた手挙げ動作を行いながら単独で疾走しており、実際のパス動作を行っていないため、バトンパスの成否に関する意識はありません。つまり、これまで報告されてきた受け走者の延伸局面付近でのパフォーマンスタイム低下は、受け走者が抱くバトンパスの遅れへの意識が大きい要因と考えられ、OHP、UHP、いずれのバトンパス方法でも、手挙げ動作時間の長さがパフォーマンスタイムに与える影響は限定的と考えられます。太田・麻場（2019）は、受け走者のパスのために手を挙げる姿勢が0.4秒よりも長くなると、疾走速度の低下が認められると報告しています。これらを踏まえると、コーチング現場では受け走者の手挙げ時間を極端に短くしようと練習することよりも、手挙げを維持しながらも後方の渡し走者への意識を抱くことなく、疾走する練習を行うことが、受け走者のパフォーマンスタイム向上にとって有効であり、結果としてTOZ内のバトンパスの所要時間の短縮につながると思われます。

5　まとめ

　本章（研究課題1）の目的は、4×100mリレーのバトンパス動作について、手挙げ動作の方法や手挙げ時間の差がTOZ内の受け走者の疾走に与える影響を検討することでした。

　High疾走、Low疾走といった受け走者の手挙げ方法の違いによるTOZ内のパフォーマンスタイム差は認められず、疾走姿勢に差が生じたのみでした。つまり、OHPとUHPといったパス動作の違いによるTOZ内の疾走速度の差は見られないといえます。また、High

Ⅴ章 ─── 受け走者のパス方法や手挙げ時間の違いが走者の疾走に与える影響について（研究課題 1）

疾走、Low 疾走ともに受け走者の手挙げ時間の差によるパフォーマンスタイム差は認められませんでした。

　以上の結果から、これまでのバトンパス方法や手挙げ時間により生じる疾走速度の差は、選手の抱く意識内容によるものと考えられます。TOZ 付近の疾走速度を向上させる方法は、パス方法や手挙げ動作時間といった動作の内容に注目するのではなく、選手の抱く意識内容の変化をもとにして考案されるべきであると考えられます。

Ⅵ章　リレー走者の疾走パフォーマンスに影響を与える環境要因に関する調査研究（研究課題2）

1　目的

　本書の目的は、走者の意識内容や環境条件に注目し、TOZ付近の走者の疾走パフォーマンス向上方法の提案を行うことです。そのための研究課題としてTOZ付近の疾走に関する心理的要因、環境要因の影響や要因間の関係の解明を掲げました。前章（研究課題1）では、走者の動作内容の差ではなく意識内容の差が、走者の疾走速度に影響を与えていることが示されました。4×100mリレーは、選手一人当たりの疾走距離については個人種目の100mと類似しているものの、リレー走者の置かれる環境条件は100m走とは大きく異なることは第Ⅰ章-4（TOZ付近の走者の動き）からも明らかです。例えば、100m走では選手は直走路を走るのに対し、リレーの第1、3走者は曲走路を疾走しますし、第2、4走者であっても曲走路上にTOZのスタート位置があります。同じ曲走路であっても第1レーンと第9レーンとでは、曲率（半径）の大きさが大きく異なります（図24）。4×100mリレーの内容ではありませんが、曲走路の疾走に関する報告として、内側レーンか外側レーンかといったレーン順による影響に関するもの（Churchill. et.al., 2019）があります。一般的に曲走路を疾走する走者に作用する遠心力（必要な向心力）は、疾走速度の二乗、曲走路の半径の逆数（すなわち曲率）、物体（走者）の質量（すなわち体重）に比例します。さらには、疾走速度に影響を与える性別や選手の年齢層（リレーの習熟度）なども4×100mリレーのパフォーマンスに影響を与えていることも予想されます。しかしながら、4×100mリレーの環境要因に関する研究はほとんど行われていないのが実状です。4×100mリレーのパフォーマンスを表す指標は、合計タイムやTOZ通過タイムなどもありますが、筆者は、大会におけるオーバーゾーン（以下、OZ）の発生状況に注目し、重要な指標と考えました。大会の競技結果（リザルト）にはOZが発生すれば、その内容（どこのゾーンでOZが発生したのか）が記されます。さらに走順（オーダー）も分かりますから、走者の特徴も把握することができます。このように、OZに至った場所や渡し走者や受け走者のオーダーの傾向に注目をすることで、バトンパスの失敗が発生しやすい環境条件が明らかになると考えました。

　よって本章（研究課題2）では、大会におけるOZの発生の実態調査を行い、選手を取り巻く環境要因とOZとの関係を明らかにすることを目的とします。

Ⅵ章 ──── リレー走者の疾走パフォーマンスに影響を与える環境要因に関する調査研究（研究課題 2）

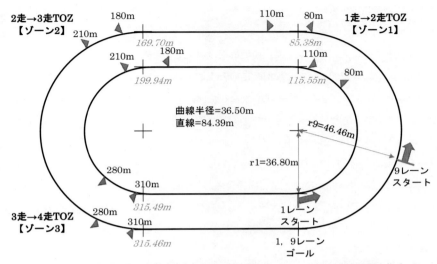

※斜体は曲走路の開始、終了地点を指し、その他はスタートからの疾走位置を指す。

図 24　4×100m リレーの 1 レーンと 9 レーンの疾走位置

2　方法

　本研究は、日本陸上競技選手権大会・リレー競技（以下、日選：Japan championship）、日本学生陸上競技対校選手権大会（以下、IC：Inter college)、全国高等学校陸上競技対校選手権大会（以下、IH：Inter high school）、U18 陸上競技大会（U18）、全日本中学校陸上競技選手権大会（以下、全中：National junior high school）、国民体育大会（以下、国体：National athletic meet、現在は国民スポーツ大会ですが、調査時の名称を用います）といった主要全国大会を調査対象としました。日本陸上競技連盟公式ホームページ内で、最新の開催大会から遡り、競技結果に 4×100m リレーの失格理由が掲載されている大会を調査しました。調査対象とした大会は表 10 のとおりです。大会内の全てのラウンド（予選、準決勝、決勝）を対象とし、4×100m リレーの競技結果に記載されているチームのうち、出場していないチーム（DNS＝Do Not Start と記載）や途中棄権（DNF＝Do Not Finish と記載）となったチームは除外し、競技結果に OZ による失格（DQ＝Disqualified）と明記されているものを調査対象としました。なお、4×100m リレーの競技規則が 2018 年に変更され TOZ の距離が延長されました（Ⅰ章 4 参照）。本研究の調査対象期間内にこの競

技規則変更が該当するため、競技規則変更がOZの発生に影響を与えていないことを確認する必要があります。そこで、2017年までのOZ率と2018年以降のOZ率を大会ごとに比較したところいずれの大会も競技規則改正の前後でOZ率に有意な差は認められませんでした。よって、本研究では競技規則改正前と改正後を特に区別することなく分析します。

分析項目は、性別、選手年齢層、OZとなった位置（以下、第1走者から第2走者のTOZをゾーン1、第2走者から第3走者のTOZをゾーン2、第3走者から第4走者のTOZをゾーン3とします）、OZの発生したレーンの4項目としました。選手年齢層の順序は、若年層から順に全中、U18、IH、IC、日選としました。U18とIHはいずれも高校生が出場する大会ですが、U18は1、2年生に出場資格があり毎年10月初旬から中旬に開催されます。一方IHは、3年生までの全学年に出場資格があり毎年8月初旬に開催されます。そのためU18から10か月後にIHが開催されることになるため、IHよりもU18の方が年齢層は低いと判断しました。日選は、大学以上のチームに加えて高校チームも出場するため、選手年齢層に関するデータ算出の際には該当する年齢層に振り分けて分析をしました。また、国体は成年（大学生以上）、少年A（高校2、3年）、少年B（中学3年、高校1年）の異なる選手年齢層でチームが編成されるため、選手年齢層に関する統計処理から除外しました。レーンに関するデータ算出について、実際の大会ではルール上1レーンを使用する頻度が少ないため、1レーンのOZはデータから除外し、適切なサンプルサイズで統計処理を行うために、隣接する2レーン（2レーンと3レーン、4レーンと5レーン、6レーンと7レーン、8レーンと9レーン）をそれぞれまとめて分析をしました。

OZ率は、OZ件数を出場チーム数で除して求め百分率で表示しました。選手年齢層とOZ率の関係は、スピアマンの順位相関係数を用いて検討をしました。性別、レーンのOZ率の比較には、母比率の差の検定（z検定）を用い、同一大会内のゾーン別OZ件数の比較には、適合度検定（カイ二乗検定）を用いました。なお3群以上の比較を行う場合にはBonferroni補正を用いて有意水準の調整をし、有意水準はいずれも5%未満としました。

Ⅵ章 ──── リレー走者の疾走パフォーマンスに影響を与える環境要因に関する調査研究（研究課題 2）

表 10　調査対象の大会と出場チーム数

大会名	選手年代(低い順)	調査年度	チーム数					
			男子			女子		
			2017年まで	2018年以降	計	2017年まで	2018年以降	計
日本陸上競技選手権大会・リレー競技	5	2013〜2022	172	143	315	170	134	304
日本学生陸上競技対校選手権大会	4	2013〜2022	438	294	732	352	210	562
全国高等学校陸上競技対校選手権大会	3	2010〜2022	689	392	1081	687	392	1079
U18陸上競技大会	2	2013〜2019	252	96	348	193	70	263
全日本中学校陸上競技選手権大会	1	2013〜2022	401	128	529	480	128	608
国民体育大会	─	2013〜2022	379	228	607	352	203	555
合計			2331	1281	3612	2234	1137	3371

3　結果

　男女別の OZ 率を大会ごとに見ると（図 25）、男子の全大会を通した OZ 率は 3.57%（サンプルサイズ、対象レース数：N＝3612）、女子の全大会を通した OZ 率は 1.57%（N＝3371）であり、男子の方が女子よりも有意に高値を示しました（$z=5.24$、$p<.001$）。各大会について見ると、IC、IH、全中、国体において、男子の方が女子よりも有意に高値を示しました（IC：$z=2.12$、$p<.05$、IH：$z=2.40$、$p<.05$、全中：$z=2.09$、$p<.05$、国体：$z=2.48$、$p<.05$）。

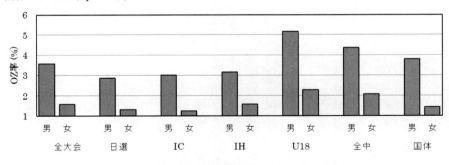

図 25　男女別大会毎のオーバーゾーン率の比較

　選手年齢層の順位（表 10）と OZ 率との関係を男女別に見ると（図 26）、男子は選手年齢層が上がるにつれて OZ 率が有意に低下する傾向にありました（$r=-0.90$、$p<.05$）が、女子に関しては、選手年齢層と OZ 率との間に有意な相関関係は認められま

せんでした。

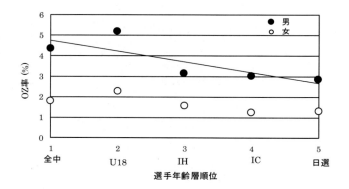

図 26 選手年齢層とオーバーゾーン率との関係

各大会のゾーン別 OZ 件数について見ると（図 27、図 28）、国体の男子において、ゾーン 2 はゾーン 1 より有意に高く（$p<.05$）、ゾーン 2 はゾーン 3 より有意に高い結果となりました（$p<.05$）。その他の大会ごとにゾーン内での OZ 件数に有意差は認められませんでした。男子の日選および女子の大会ごとの OZ 件数（図 28）は、OZ 件数が少なく検討に相応しいサンプルサイズに至りませんでした。

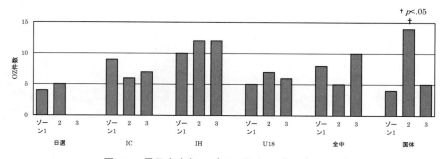

図 27 男子大会毎のゾーン別オーバーゾーン件数

Ⅵ章 ――― リレー走者の疾走パフォーマンスに影響を与える環境要因に関する調査研究（研究課題2）

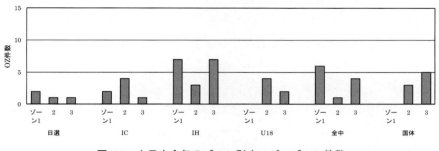

図 28　女子大会毎のゾーン別オーバーゾーン件数

　男子全 OZ の発生レーンの内訳を見ると（図 29）、2、3 レーンの OZ が 4、5 レーン、8、9 レーンよりも有意に高値を示しました（いずれも $p < .01$）。1 レーンは大会時の使用頻度が少なく、また女子については OZ 件数が少なかったため検討から除外しました。

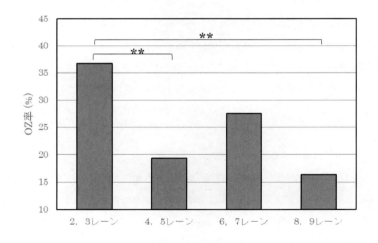

図 29　レーン毎のオーバーゾーン率

4　考察

　本研究は、日本国内主要全国大会における OZ 発生の実態を調査し、その特徴を明らかにすることで、リレートレーニングへの新たな知見を提供することを目的としました。そ

のために、日本国内の主要全国大会を対象に日本陸上競技連盟公式ホームページを用いて、4×100mリレーの競技結果にOZによる失格が掲載されている事例を収集しました。分析項目は、性別、選手年齢層、OZとなったTOZ位置、レーンの4項目としました。

（1）男女によるOZ率の違い

男女間のOZ率の比較をしたところ、全大会合計、IC、IH、全中、国体の4大会で男子の方が女子よりもOZ率が高い傾向にありました（図25）。男女間の疾走能力の差は13歳以降顕著になり、男子の方が女子よりも疾走速度が高くなるといわれています（宮丸, 2001）。走者の疾走速度が高くなることで、4×100mリレーのバトンパスでは、バトン移動速度が上昇し、リレー記録の向上が期待できる一方で、渡し走者が高い疾走速度を維持しながらバトンパスを行う技術や、受け走者が渡し走者のDM通過を見てスタートする技術（日本陸上競技連盟, 2013b）が、より正確に求められることになります。

リレーのトレーニング方法は、静止状態や低い速度でバトンパスの確認をする練習が一般的です（日本陸上競技連盟, 2013a）。このような練習は、渡し走者・受け走者の手の挙上方法を身につける上で必要不可欠なものであるといえます。しかし、本結果に基づくと、特に男子選手は、このような練習に加え、高い疾走速度の中で、受け走者に必要な渡し走者のDM通過のタイミングを見極める練習や、渡し走者が実際の速度でバトンパスをするトレーニングがより重要であると考えられます。特に受け走者が渡し走者のDM通過を待たずにスタートすることの予防に注力すべきと考えられます。

（2）選手の年齢層によるOZ率の違い

男子のOZ率は年齢層が上がるにつれて低下する傾向が認められました（図26）（$r = -0.90$, $p < .05$）。疾走速度は成人期にかけて向上する（宮丸, 2001）といわれています。疾走速度の向上は、4×100mリレーにおいて、バトンパス完了位置がTOZの後方になり、OZの可能性が高くなる（日本陸上競技連盟, 2013b）と指摘されています。渡し走者・受け走者の走力が高ければ、受け走者はより短時間でTOZ出口に到達することになります。すなわち、年齢層が上がれば疾走速度の向上に伴ってOZ率が高くなることが考えられますが、本研究はこれと異なる結果でした。つまり、疾走速度の向上によるOZ発生のリスク上昇をリレーの経験増加によるバトンパス技術の向上によって抑えていると考えられます（図30）。

VI章 ──── リレー走者の疾走パフォーマンスに影響を与える環境要因に関する調査研究（研究課題2）

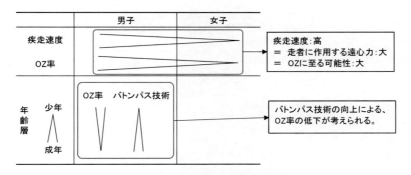

図 30 男女差、年齢差による OZ 発生の実態と考察

　バトンパス技術について、渡し走者では、受け走者の手の位置を正確に把握し確実にバトンパスをする技術や、受け走者では、渡し走者の DM 通過を正確に見てスタートをする技術や、パスのための手の挙上を安定して行う技術が挙げられます。これらのバトンパス技術を身につけるために、走者が静止した状態や低い疾走速度から徐々に高い疾走速度で練習をする必要性（日本陸上競技連盟，2013a；2013b）が述べられています。本研究結果を踏まえると、これらの練習に加えて、特に男子は両走者が高い速度で疾走しながらも OZ に至らないために、瞬時に状況を判断し対応するといった、実戦的な練習を重視する必要があると考えられます。

(3) TOZ の位置による OZ 率の違い

　国体男子のゾーン 2 の OZ 件数はゾーン 1 やゾーン 3 と比べて有意に高い結果となりました（図 27）。そこで国体男子のゾーン 2 に関するオーダー編成（第 2 走者、第 3 走者）を分析したところ、渡し走者である第 2 走者の 67.9%が成年選手、受け走者である第 3 走者の 71.8%が少年 A もしくは少年 B の選手であったことが明らかとなりました。このことは国体男子のゾーン 2 では、疾走速度の高い選手から低い選手へといった走力差の大きいバトンパスが多いことを示しています（図 31）。

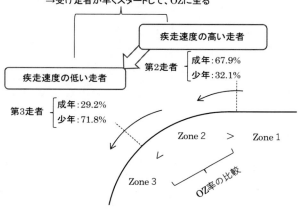

図 31　男子国体の OZ に関する考察

　リレーの走順は、4 人の選手の走力のバランスに応じたさまざまな編成が考えられ（日本陸上競技連盟、2013b）、第 2 走者および第 4 走者に競技能力の高い選手を起用する事例が多い（尾縣、2007；土江、2011；Husbands、2013）とされています。国体の 4×100m リレーは、走者 4 人の中に、成年選手（大学生以上）、少年 A（高校 2、3 年生）、少年 B（中学 3 年生、高校 1 年生）が必ず 1 人以上疾走する競技規則となっています。第 2、4 走者に競技能力の高い成年選手を起用すると、残りの第 1、3 走者に少年 A、少年 B といった成年選手に比べ疾走速度の低い選手を起用することになります。これらを踏まえるとリレーオーダーの編成についてはこれまでの報告と同様の結果といえます。しかし、国体男子のゾーン 2 の OZ 件数が多いという本結果は、疾走速度の高い走者から低い走者へのバトンパスでは OZ は起こりにくいという指摘（日本陸上競技連盟、2013a：2013b）とは異なる結果となりました。

　このような結果の理由として、渡し走者の方が受け走者よりも疾走能力が高ければ、受け走者の配置する DM は遠くに配置され、受け走者の DM 確認がしづらくなることが考えられます。そして、ゾーン 2 は受け走者から見ると直走路を疾走してくる第 2 走者（渡し走者）を後方にまっすぐ確認することとなり、第 3 走者（受け走者）の DM の距離感がつかみにくいことが指摘されています（日本陸上競技連盟、2013b）。さらに第 3 走者はリレー経験が十分ではない中高生（少年 A・B）です。そのため、受け走者が渡し走者の DM

通過よりも早くスタートを開始してしまう可能性が高くなり、渡し走者が追いつけずにOZ が増えるのだと思われます。さらに、受け走者よりも疾走速度の高い成年選手の渡し走者たちが、横一直線で受け走者に向かって疾走してくるため、圧迫感を感じることとなり、受け走者は DM に合わせたスタートがより困難になると考えられます（図 32）。

図 32　第 3 走者が後方から来る第 2 走者を見たところ

　このように、受け走者が渡し走者の DM 通過を正確に把握することを妨げる要因がいくつも重なることによって、国体男子のゾーン 2 の OZ 件数が他のゾーンに比べて高値になるのだと考えられます。

　以上より、特に渡し走者の方が受け走者より疾走速度が高く、両者の疾走速度の差が大きい場合は、リレートレーニング時にはレースに近い状況で、受け走者が DM 距離を正確に把握する練習を重視する必要があると考えられます。

（4）レーンによる OZ 率の違い

　男子の全 OZ 件数に占める 2、3 レーンの割合は、4、5 レーン、8、9 レーンよりも有意に高値を示しました（図 29）。曲走路の疾走について、曲走路の半径が小さくなるほど、疾走速度の維持が困難になる（Ferro and Floria, 2013 ; Quinn, 2009）ことが報告されており、曲走路では疾走者に作用する遠心力の大きさに応じて体を内側に傾けるため、疾走速度の確保に必要な地面反力を獲得しにくい（Chang & Kram, 2007）とされています。

したがって、4×100mリレーでは内側レーンの方が、そして受け走者よりも渡し走者の方が疾走速度の維持をしにくくなっていると考えられます（図33）。そのため、内側レーンでは、両走者の疾走速度の差が外側レーンの時より大きくなり、外側レーン時と同じDM距離では渡し走者が受け走者に追いつくことができず、OZに至る場合が増えている可能性があります。

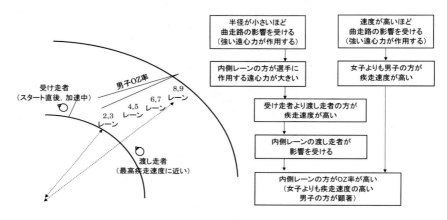

図33 レーンとOZ発生の関係に関する考察

つまり、内側レーンを疾走する時は、外側レーンを疾走する時よりも短いDM距離を設定する必要があると考えられます。したがって、疾走速度が高く遠心力が強く作用する男子のリレートレーニングでは、内側レーンや外側レーンの両方を用いてトレーニングを行い、内側レーンと外側レーンとの間で生じる両者の疾走速度の差の違いを把握し、レーンに対応したDM距離を設定する必要があると考えられます。

5 まとめ

本章（研究課題2）の目的は、4×100mリレーの実際の大会におけるOZ発生の実態調査を行うことで、リレー走者を取り巻く環境要因を明らかにすることでした。そのために、日本陸上競技連盟公式ホームページを用いて、競技結果に記されている4×100mリレーの失格（OZ）の内容を調査しました。得られた結果は以下のとおりです。

男子選手のように疾走速度が高くなると環境要因の影響を受けやすくなり、OZ発生が

多くなります。受け走者と比べ、高い疾走速度でTOZ内を疾走している渡し走者の方が、曲走路の疾走の影響を受け、外側レーンより内側レーンでOZ発生が多くなることが分かりました。受け走者よりも渡し走者の疾走能力が高いと、DM距離が長くなるため、渡し走者が直走路でスタートするゾーン2ではDMを視認しづらく、OZ発生が多くなる傾向にあることが分かりました。リレートレーニングでは、さまざまな環境条件下で実際の疾走速度でTOZ内を疾走し、走者が抱く意識内容を実際のレースに近いものにしてバトンパス練習を繰り返す必要があります。

Ⅶ章　リレー走者が疾走時に抱く両走者の意識内容とその関係について（研究課題3）

1　目的

　本書の目的は、走者の意識内容や環境条件に注目し、TOZ付近の疾走パフォーマンス向上を図る方法の提案を行うことです。そのための研究課題としてTOZ付近の疾走に関する心理的要因、環境要因の影響や要因間の関係の解明を掲げました。前章（研究課題2）では、個人種目100m走とは異なるリレー特有の環境条件が、走者の疾走にOZという形で影響を与えることが示唆されました。しかしながら、環境要因が走者の意識内容に影響を与える具体的な場面やその内容は明らかになっていません。そこで本章（研究課題3）では、TOZ付近を疾走する走者が抱く意識内容とその場面を明らかにし、それらの関係性の解明を目的とします。

2　方法

（1）抽出方法

　本研究は、4×100mリレーにおける選手の意識プロセスの解明を目的としており、研究対象者のバトンパスに関する意識をありのままに抽出するために半構造化インタビューを採用しました。半構造化インタビューとは、事前におよその質問内容を用意し、対象者の回答に応じて質問者が自在に掘り下げて行うインタビュー形式のことです。半構造化インタビューを行うには、研究対象者が質問内容に対して的確に言語化することができ、その質問領域に関することがらや技術に習熟している必要があります。本研究では、高校、大学と陸上競技部に所属し全国大会のリレーを経験している男子大学生9人（20.9±1.1歳）を調査対象としました。また4×100mリレーは走順によって選手が置かれる環境条件が異なるため、経験している走順が偏らないように配慮しました。本研究は疾走に関する意識を調査するため、疾走速度の偏りを防ぐ意味からも女子選手は対象から除外しました。研究対象者については、調査前にインタビューに関する同意を得るとともに、取得したデータについては個人が特定されないように配慮をしました。

（2）調査方法と内容

　1対1の半構造化インタビューを20分程度実施しました。研究対象者の了解を得て、

ICレコーダーを使用し音声を録音しました。得られた情報は、グラウンデッド・セオリー・アプローチを用いて検討を行いました。グラウンデッド・セオリー・アプローチとは、データの解釈から説明概念を生成し、そうした概念間の関係から人間行動について一つのまとまりのある説明図を理論として提示するもの（木下，2003）であり、質的研究の代表的な研究手法とされています。本研究は、木下康仁が開発した修正版 GTA（Modified Grounded Theory Approach： 以下、M-GTA）を用いて検討を行いました。M-GTA の特長は、木下（2003）によると、データに密着した分析から独自の概念を作り、人間の行動や人間同士の相互作用を説明できる動態的な説明理論であり、人間の行動の説明と予測に有効であるとされています。そのため、人間の多様性を一定程度説明でき、その知識をもとにして実践的な応用が可能であるとされています。したがって、本研究で得られた結果によって一定程度 4×100m リレーにおけるバトンパスのプロセスを説明することができ、この内容をもとにリレートレーニングに対する示唆も得られるものと考えられます。本研究の分析は、木下（2003）にあるように、まず、録音されたインタビューデータの逐語録から概念を生成し、次に生成した概念と概念との関係を関係図に示し、複数の概念からなるカテゴリーあるいはサブカテゴリーを生成しました。そしてカテゴリー間の因果関係等を文章化（ストーリーライン）したのちに、結果を図解化しました。

（3）質問内容

　半構造化インタビューを行うにあたり、用意した質問は「リレー選手として疾走していることを思い出し、その経験の中で、うまくいったこと、うまくいかなかったことは何ですか。またうまくいくためにどのようなことが必要ですか、具体的に話してください」としました。質問内容の作成にあたっては、同様の特性を持つ選手への予備インタビューをもとに、著者全員によるブレインストーミングにより作成しました。ここでは特に「TOZ 付近の疾走」や「バトンパス」という言葉の使用を避けました。なぜなら、これらの語句が示す局面は、バトンパス以外の通常疾走の局面の影響や、選手自身が要因ではないものからの影響も考えられ、「TOZ 付近の疾走」「バトンパス」と質問者が発することによって得られる情報が限定的になってしまうと考えたためです。また、今回の半構造化インタビューは、バトンパスプロセス全体を明らかにするため、渡し走者と受け走者の区別をせずに質問を行いました。

3 結果

M-GTAによって、3の概念が生成され、9のカテゴリーにまとめられました。プロセスを考慮して概念とカテゴリーの関係が検討され、結果図（図34）が作成されました。本文および図34内の【】はカテゴリーを示し、〔〕はサブカテゴリーを示しています。

表 11　インタビュー内容の結果と分類

概念	カテゴリー	項目	サブカテゴリー	コメント数
渡し走者に関するもの	単独疾走局面	1	TOZ手前の自身の疾走への意識	3
		2	走路形状による影響	2
		3	他チーム次走者からの影響	2
	追跡開始局面	4	受け走者との距離への意識	2
	追跡局面	5	受け走者の加速の程度と距離への意識	5
	パス局面	6	受け走者との距離への意識	2
		7	バトンパスのタイミングを計る意識	3
受け走者に関するもの	準備局面	8	渡し走者の観察	6
		9	他チーム渡し走者からの影響	7
		10	自身のスタート準備への意識	5
	スタート局面	11	DM反応時の動作への意識	9
		12	スタート後に自身の反応を確認	4
		13	自身の反応への対応	3
		14	他チーム渡し走者からの影響	10
		15	他チーム受け走者からの影響	3
		16	走路形状からの影響	3
	加速局面	17	後方渡し走者への意識	6
		18	自身の加速に対する意識	3
	パス局面	19	バトンパスに対する意識	3
		20	自身の加速を維持する意識	2
TOZ全体に関するもの	TOZ全体に対する意識	21	自身の動作と周囲の状況との関係	3
		22	足長（DM距離）に対する考え方	3

（1）全体のプロセス

渡し走者・受け走者ともに、あらかじめ練習で設定したDMからのスタートを基準として疾走をするものの、周囲の状況を把握しながら（表11 項目21）自身の疾走動作を行っていました。

① 渡し走者のプロセス（表11 項目1〜7）

渡し走者のプロセスは、4つの局（カテゴリー）に分けることができました。受け走者がまだスタートを開始していないTOZ手前の【単独疾走局面】（項目1〜3）では、〔走路形状による影響〕や、〔他チーム次走者からの影響〕がありながらも、渡し走者は〔TOZ手前の自身の疾走への意識〕を持っていました。受け走者がスタートを開始した

【追跡開始局面】（項目4）では、〔受け走者との距離への意識〕が持たれ始め、TOZ内の【追跡局面】（項目5）では、前方の〔受け走者の加速の程度と距離感への意識〕が持たれていました。【パス局面】（項目6・7）では、【追跡局面】までと同様に〔受け走者との距離への意識〕に加えて、〔バトンパスのタイミングを計る意識〕を持っていました。

② 受け走者のプロセス（表11 項目8〜20）

　受け走者のバトンパスのプロセスについて、【準備局面】（項目8〜10）では、後方から接近してくる〔渡し走者の観察〕を行いながらも、〔他チーム渡し走者からの影響〕を抑えるために、あらかじめ決まった一定の準備動作を行うといった〔自身のスタート準備への意識〕を持ちスタート姿勢を取っていました。【スタート局面】（項目11〜16）では、【準備局面】（項目8〜10）と同様、〔他チーム渡し走者からの影響〕に加え、隣に並ぶ〔他チーム受け走者からの影響〕や、スタート位置が直走路か曲走路かといった〔走路形状からの影響〕も〔DM反応時の動作への意識〕に影響があるとされていました。受け走者は、渡し走者のDM通過と同時にスタート動作を開始するものの、〔スタート後に自身の反応を確認〕する意識を持ち、その成否によって、〔自身の反応への対応〕を行っていました。【加速局面】では、渡し走者が迫ってくるかどうかといった〔後方渡し走者への意識〕を持つ一方で、〔自身の疾走に対する意識〕を持っていました。【パス局面】では、後方へ手を挙上するといった〔バトンパスに対する意識〕を持つ一方で、バトンパスによって疾走速度が低下しないように、〔自身の加速を維持する意識〕を持っていました。

(2) **カテゴリーごとの説明**

①渡し走者の【単独疾走局面】（表11 項目1〜3）

　このカテゴリーは3つのサブカテゴリーによって構成されました。ここでは「相手（受け走者）がスタートする前に、TOZ内で（自分が）失速することが何となく分かる」というように、TOZ内のバトンパスの成否に関する意識を、TOZ進入以前に予感する内容がありました。その一方で、「（自分が）スタートして気づいたらバトンゾーンに近づいていた」とあるように、スムーズな疾走ができると、自身の疾走に対する意識を特に抱くことがないというコメントも見られました。このような渡し走者〔TOZ手前の自身の疾走への

意識〕（項目１：３コメント）は、渡し走者自身のコンディションはもちろんのこと、「外側に選手がいた方が走りやすい」、「コーナーの外側に膨らんでしまう」、「アウトレーンは結構直線まで走らないといけない」といった〔走路形状による影響〕（項目２：２コメント）や、「他チーム（内側）の受け走者がスタートした場面と重なると、自身のレーンの内側を疾走することが困難になる」、「外に一瞬だけ曲がって膨らんで減速してしまう」といった〔他チーム次走者からの影響〕（項目３：２コメント）を受けるとしていました。

③ 渡し走者の【追跡開始局面】（表11 項目４）
　このカテゴリーは１つのサブカテゴリーから生成されました。渡し走者は、この先自分が受け走者に追いついてバトンパスを完了できるかといった、スタート直後の〔受け走者との距離への意識〕（項目４：２コメント）を抱いていました。受け走者に追いつくことができないと見込まれる時は、受け走者に加速を抑制するように「早い段階で待ってと言い」、一方で「加速を抑制すると勝てないような勝負のレースでは、気合で渡しに行く」としていました。スタート直後にこのような受け走者との距離を探る意識が入る理由として、「テイクオーバーゾーンの奥の方（後方）に進んでから待ってと合図していたら間に合わないし、受け走者がある程度加速した後に減速するため失速が大きくなるので」としていました。

③渡し走者の【追跡局面】（表11 項目５）
　このカテゴリーは１つのサブカテゴリーから生成されました。渡し走者は、前方にいる受け走者の疾走速度が上昇する中で、〔受け走者の加速の程度と距離への意識〕（項目５：５コメント）を抱き、受け走者へのバトンパスが実施可能かどうかの判断をしていました。渡し走者自身が良い動きをしていると「受け走者とバトンパス可能な距離感である場合、相手にスッと入り込んでいく感覚」や「自分（渡し走者）の速さが勝っていて、どんどん相手（受け走者）に近づいていく感じ」があるとしていました。一方で、良くない動きの場合は「それ以前（の局面）で相手（受け走者）に届かないかも」と感じていることが多く、結果として「あぁやっぱり届かないや」と感じるとしていました。自分の感覚以外にも、「相手（受け走者）が自分（渡し走者）自身の走りを見て判断したり、マーク通りに相手（受け走者）がスタートしていないことに気づき加速を緩めた」場合もあるとしていました。

Ⅶ章 ── リレー走者が疾走時に抱く両走者の意識内容とその関係について（研究課題3）

④ 渡し走者の【パス局面】（表 11 項目6〜7）

　このカテゴリーは2つのサブカテゴリーから生成されました。渡し走者が抱く〔受け走者との距離への意識〕（項目6：2コメント）として「相手に追いつかないとバトンは渡せないのだから、結局はしっかり走ることが大切」としていました。スムーズなバトンパスが行われている場合は、「自然とスッと手が出る」が、「自分（渡し走者）が走れていない時ほど、バトンが渡るかなどといった心配が生まれてしまっている」と述べられていました。それとともに渡し走者は、〔バトンパスのタイミングを計る意識〕（項目7：3コメント）を抱き「2走（受け走者）の人が気持ち良くもらえるスピード感で渡すことに気をつけて」、「後ろの人がいかに加速しやすいように渡す」ことを意識していることが分かりました。「バトンをもらってからスピードを無理に上げているような感じがうまくいっていない時」とし、そうならないように、「近い場合は（渡すのを）ちょっと待って加速スピードが上がってから合図をするし、遠ければちょっと早めに声をかけて（渡し走者である自身が）追いついて渡す」対応をしていました。

⑤ 受け走者のスタート【準備局面】（表 11 項目8〜10）

　このカテゴリーは3つのサブカテゴリーから生成されました。受け走者は、スタート動作を行う前の準備局面において、まず〔渡し走者の観察〕（項目8：6コメント）をしていました。「前走者のバトンパスがうまくいかないと、前走者のその後の走りもうまくいかないのでよく見ておく」必要があると考えており、そのためには試合時に限らず「練習時から前走者の走りをよく観察して、走りの内容のコミュニケーションをとって確認し合う」ことが重要としていました。それに加えて、〔他チーム渡し走者からの影響〕（項目9：7コメント）も受けるとしていました。「他のチームがいたりするので、そこも気になるのですけど、自分のチームの選手だけを見て…中略…周りを気にしないようにタイミングを合わせて走り出します」と述べられており、特に、第3走者が後方の第2走者を見ながらスタート準備をする場面について、「2走が走ってくる圧って結構すごいんですよね。他の区間だと選手が斜めで来ますが、2走は直線を走るので、まっすぐ8人がバーンと走ってきて、結構圧があるんで、他の選手も早出する選手が多いと思います」と述べられていました。このように渡し走者が直走路か曲走路かどちらを疾走するかによっても、受け走者が抱く意識が異なることが分かりました。そして、前走者や周囲への意識は重要

であるとしながらも「他者（他チーム）が気になりすぎると、自身の動きがおろそかになってスタートの準備やスタートがうまくいかないことがある」としていました。〔自身のスタート準備への意識〕（項目10：5コメント）については、短距離個人種目の場合、走者は進行方向を向いた状態で構えて一斉に音でスタートするが、リレースタートの場合、進行方向ではなく「後方を見て構え」、「他のチームと違ったタイミングで」、自チーム渡し走者のDM通過といった視覚を合図にスタートをすることになるため、「他チーム（のスタート動作）につられないことが重要」であると述べられていました。このような通常のスタート動作とは異なる状況に対応するためには、「スターティングブロックにつく動作にも流れがあるように、スタートするまでの自分のルーティン（動作の流れ）」が重要であるとしていました。「準備動作をあらかじめ決めておく」ことで、「他チームを気にしなくて済」み、「練習と同じタイミングでスタート」できるとしていました。

⑥ 受け走者の【スタート局面】（表11 項目11〜16）

このカテゴリーは6つのサブカテゴリーによって生成されました。受け走者は、スタートの瞬間には〔DM反応時の動作への意識〕（項目11：9コメント）を抱いていることが分かりました。受け走者のスタートのタイミングは「練習の時から気をつけて」「同じタイミングで出ること」を最重要視していて、「マークを見て出るだけというふうになるように、ポイントを絞ることが必要」としていました。受け走者のタイプによって「（渡し走者がマークを）踏んでから出たい」というように、スタート時のタイミングの取りやすさは異なるため、練習時と変わらない一定のスタートタイミングとなることが重要であるとしていました。「練習の時に色々観察をしながらやっていると、試合で何も考えずにマークのところまで走ってきたら出る、となるのだと思います」としていました。また、受け走者が渡し走者のDM通過を確認した後は、〔スタート後に自身の反応を確認〕
（項目12：4コメント）する意識を持つとし、「スタートした瞬間」から「だいたい3歩、4歩したぐらい」までに自身のスタートの成否を判断するとしていました。この判断は「早出したなっていうのが感覚的に分かり、ちょっとこの距離で出たら届かない」というように、その後のバトンパスが成立するかどうか予感する意識がはたらくとしていました。この予感をもとに「自分のDMのタイミングが早かったなと感じた時は加速を早めに少し緩め」るといった〔自身の反応への対応〕（項目13：3コメント）を行うとして

いました。また受け走者は、周囲の状況からの影響も受けると述べられ、〔他チーム渡し走者からの影響〕（項目 14：10 コメント）として、【準備局面】と同様、受け走者が第3走者の場合、渡し走者が直走路を他のチームと横一線で走ってくる様子を真正面から見るため、DM との距離が取りにくいとしていました。そして、〔他チーム受け走者からの影響〕（項目 15：3 コメント）は他のチームとは異なるタイミングでスタートを開始するので、「他のチームにつられて早く出てしまう」ことが指摘されており、特に「第4走者は、隣のレーンと選手がとても近いので圧迫感があり、他のチームのスタートにつられてしまうことも考えられ」るとしていました。受け走者が曲走路でスタートを開始する場合、「マークが見えにくいこともあります。内側の選手が構えるとお尻とかで自分のチームのマーク（DM）が隠れてしまいます」とあるように、マークが見にくくなることも指摘されていました。周囲からの影響は、他チーム選手からのものにとどまらず、〔走路形状からの影響〕（項目 16：3 コメント）を受けるとしていました。それは、受け走者自身のスタート位置が直走路上か曲走路上かによって抱かれる意識が異なり、受け走者が第2走者である場合について、「内側と外側が気になる」や「直線の方がスタートしやすいです」と述べられていました。受け走者が第3走者である場合は、「直線スタートだとちょっと、おってなります。3走というのは、コーナースタートであるっていう前提がやっぱり大きくあるということかな」とあるように、受け走者が TOZ 内で加速する最中に直走路から曲走路の違いを意識していることが分かりました。

⑦ 受け走者の【加速局面】（表 11 項目 17〜18）

このカテゴリーは、2つのサブカテゴリーによって生成されました。受け走者は、「後ろから選手が来ない」、「なんか（後方走者の）気配感がない」といった〔後方渡し走者への意識〕（項目 17：6 コメント）を抱くとし、「練習時から研ぎ澄ましてバトン練習をすることが必要」であるとされていました。そして、〔自身の加速に対する意識〕（項目 18：3 コメント）を抱き「もし（渡し走者が受け走者に）追いつけないと思ったら、（渡し走者が）声を出してほしい」と、前方に受け走者が見えて距離感が取れる渡し走者の方が意識して声掛けをすべきとしていながらも、「渡し走者が来ないなって思ったら、ゆっくり加速のペースを落として、でも急減速するといけないので後ろを見るとかはせずに、ペースだけ落とす…中略…それでも来なかったら、後ろを見てもらう」というように、受け走者自身の加速を調節しながら疾走をするとしていました。しかし、「バトン

（渡し走者）がちゃんと追いついて来るかどうかは気になっちゃいますね。でも気にしてたら速く走れない」や「相手を信じて……自分が加速することを忘れてはいけない」というように、バトン移動速度を確保するにはパス動作前に受け走者自身が積極的な加速動作を行う必要があるとしていました。バトンを受け取らねばならないという意識と、自身が積極的な加速をするかどうかというジレンマの中での疾走であるといえます。

⑧ 受け走者の【パス局面】（表 11 項目 19～20）
　このカテゴリーは 2 つのサブカテゴリーから生成されました。受け走者は、〔バトンパスに対する意識〕（項目 19：5 コメント）を抱き「相手を信じて同じ場所で手を止めておくこと」や「確実に安定して挙げられる位置に挙げればいい」とあるように、手を高く挙げて利得距離を確保するよりも、後方の渡し走者がバトンパスを行いやすい状態を維持することが重要としていました。「失敗する時は、バトンがなかなか来なくて、手を動かしてしまって、両方の手が合わない」とあるように、受け走者がパスの手を動かすことが失敗につながるという指摘がありました。また、〔自身の加速を維持する意識〕（項目 20：2 コメント）を抱き「手を止めておくことは大切」、「だからといって自分が加速することを忘れてはいけない」や「手を挙げることばかり考えていたら走れないですよ」とあるように、手を挙げる動作はバトンパスのために必要不可欠な動作である一方で、疾走を阻害する側面もあることが述べられていました。

⑨ 【TOZ 全体に対する意識】（表 11 項目 21～22）
　このカテゴリーは 2 つのサブカテゴリーから生成されました。渡し走者や受け走者ともに〔自身の動作と周囲の状況との関係〕（項目 21：3 コメント）について「周囲を気にしなくて済むように、意識を自分の方に向ける」や「（受け走者の時は）自分のレーンだけにライトが当たっている意識」、「渡すことを考えると力んでしまうから、無心で走れるように意識」とあるように、相手である受け走者や周囲に気を取られすぎると本来持つべき自身の疾走への意識が希薄になってしまうことが述べられていました。さらに「とにかくシンプルにやる」や「ポイントを絞ること」とあるように、TOZ 内の疾走やバトンパスの運動が全体として円滑に遂行されるためには、意識する事柄が多く存在するからといって、それらを一つ一つ意識してはいけないとしていました。そのためには、「最終的には何も考えなくてもさっと動くことができるようになるまで練習を積まなきゃいけな

い」とあるように、何も考えずに単に運動をすればいいということではなく、練習の蓄積によって意識の自動化や焦点化を図る必要があると述べられていました。そして、〔足長（DM 距離）に対する考え方〕（項目 22 : 3 コメント）について「縮めることはあるのですが、伸ばすことはあまりない」や「お互いが安心してそれぞれが走る方がいい」とあるように、足長（DM 距離）を伸ばすことに対する抵抗感が見られました。足長（DM 距離）を伸ばすと、後方の渡し走者がより遠くから受け走者に追いつく必要があるため、渡し走者が受け走者に追いつけない可能性が増大するためだと思われます。そのため、「バトン練習の時から、よく見るようにすることと、相手とよく話をしていないと、自分の見た感じと相手の感じが一致しなくて本番に困る」とあるように、練習時の観察によって両走者が足長（DM 距離）の遠近感を共有しておくことが重要であるとしていました。

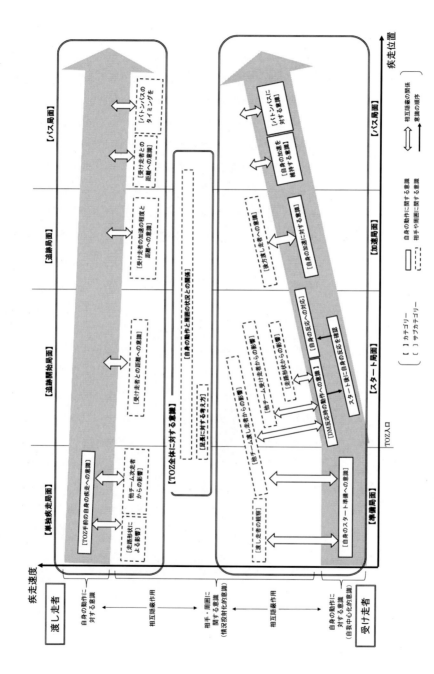

図 34 渡し走者・受け走者の意識内容と関係性

4 考察

　本章（研究課題3）の目的は、選手が抱く意識内容をもとに、渡し走者・受け走者が行うバトンパスのプロセスを明らかにすることです。そのために、リレー競技の習熟度が高い選手9人に対して半構造化インタビューを行い、得られた自己観察内容をM-GTAによって検討を行いました。概念とカテゴリーの関係は結果図（図34）に表され、4×100mリレーにおける渡し走者・受け走者がバトンパスを行うための自己観察内容に基づくプロセスと捉えることができました。

(1) 選手の自己観察内容に基づく局面分け

　これまでのリレーに関する局面分けは、外から観察した内容をもとにして構成され、特徴的な動作であるパス動作を中心に述べられていることが多いです（尾縣，2007；土江，2011；日本陸上競技連盟，2013a；2013b）。本研究のインタビュー内容では、パス動作そのものに関するサブカテゴリーが渡し走者と受け走者で各2つ生成（表11項目7，8，19，20）された一方で、パス動作以外に関するサブカテゴリーは、渡し走者は6（表11項目1〜6）、受け走者は12（表11項目8〜18，20）生成されました。このように渡し走者・受け走者ともにパス動作自体に関する言及は少なく、パス動作に至る過程の意識内容が多く抽出され、これまで一般的とされてきたTOZ内に限定した局面分けとは異なる結果となりました。本結果は、リレーに習熟した9人の選手の自己観察内容を検討している点や、日常の練習から運動の自己観察に注目させることが重要である（日本コーチング学会，2017）という指摘を踏まえると、本研究結果は、リレー走者から見たバトンパスプロセスの解明を通してバトンパスコーチングに有用な示唆を与えることができると考えられます。

　技術トレーニングでは、固有の動きのコツをつかみ、状況に即したカンをはたらかせることができるようになることが重要であるとされています（日本コーチング学会，2017）。コツとは「私の体をどのように動かすか」という選手の自我中心化的意識のことであり、カンとは「私の身体を取り巻く情況の変化」という選手周囲への情況投射化的意識のこと（朝岡，2019；金子，2005b；金子2007）とされています。この自我中心化的意識と情況投射化的意識は、いずれか一方が顕在化するともう一方が潜在化するという相互隠蔽の性質がある（朝岡，2019；金子，2007）とされています。また、自我中心化

的意識と情況投射化的意識は一体になることで運動感覚意識としての意味をなすため、いずれか一方のみで成立することはなく同時に発生している（金子，2007）とされています。

渡し走者は、TOZ手前の【単独疾走局面】（表11項目1〜3）で走路や他チーム受け走者からの影響がありながらも、自身の疾走に対する意識を持って疾走していました。渡し走者は、受け走者がスタートを開始した後の【追跡開始局面】（表11項目4）や【追跡局面】（表11項目5）では、両走者の距離が近づく場面であるため、受け走者との距離への意識を持っていました。この結果から、渡し走者には、できるだけ高い疾走速度を維持しようという自我中心化的意識と、相手に追いつきバトンを渡すという情況投射化的意識との相互隠蔽の関係があると考えられます。

そして受け走者は、【準備局面】（表11項目8〜10）ではスタート後の自身の加速を調整するために後方の渡し走者の疾走の様子を観察しつつ、スタートのタイミングがずれないよう、一定のスタート準備動作を行うことで他チームからの影響を抑えていました。【スタート局面】（表11項目11〜16）では、走路形状や他チームの走者の動作から影響を受けるため、スタート直後には、自身の反応を確認する意識を抱き、自身の加速の程度を調節していました。その後の【加速局面】（表11項目17, 18）では、後方の渡し走者への意識を持つ一方で、自身の疾走に関する意識を持っていました。受け走者においても、渡し走者のDM通過を正確に把握しスタートする意識や、自身の疾走速度を上げる意識といった自我中心化的意識と、後方の渡し走者がパス可能な距離に接近してくるかという情況投射化的意識との相互隠蔽の関係があると考えられます。

したがって、リレーのバトンパスのプロセスは、できるだけ高い疾走速度でバトンパスを行うという目的の一方で、両走者が接近できずバトンパスができなければOZなどの失敗に直結するという状況下で、各局面では自他の疾走能力への問いかけを行っていると考えられます。

（2）渡し走者の意識内容の特徴

渡し走者は、TOZ内で受け走者に近づいてバトンを渡すことを目指します。渡し走者における受け走者との距離に関するコメントは、【単独疾走局面】（表11項目1）、【追跡開始局面】（表11項目4）、【追跡局面】（表11項目5）にも見られ、「手遅れにならないように判断する必要がある」、「テイクオーバーゾーンの奥の方に行ってか

ら声をかけたのでは間に合わない」という内容が見られました。これらから、渡し走者はパス動作をする直前の【パス局面】で受け走者との距離を判断するのではなく、受け走者の【スタート局面】より手前で自身の疾走への気づきによって判断したり、受け走者がスタートした瞬間に両者の距離感と渡し走者自身の疾走具合を見極めたり、パス局面でバトンパスが可能かどうか判断したりしていると考えられます。

また、【単独疾走局面】（表 11 項目 1）の「（自分が）スタートして気づいたらバトンゾーンに近づいていた」、「相手（受け走者）がスタートする前に、TOZ 内で（自分が）失速することが何となく分かる」や【追跡局面】（表 11 項目 5）の「それ以前（の局面）で相手（受け走者）に届かないかも」「（結果として）あぁやっぱり届かないや」というように、渡し走者は自身の疾走に関してうまくいかない予感が生じることが多いことが明らかとなりました。これは、「コーナーの外側に膨らんでしまう」、「アウトレーンは結構直線まで走らないといけない」、「他チーム（内側）の受け走者がスタートしたところと重なると、自身の疾走が困難になる」といった周囲の状況への意識が起点となっており、自身の疾走に悪影響を与える予感となっていると考えられます。

練習が反復されることでその動きに慣れ、特に動感意識を持たずともその動作を遂行できるようになることを匿名性現象とよびます（金子，2009；日本コーチング学会，2017）。この匿名性現象は、「動作ができない」という分裂危機意識と常に隣り合わせであり、この分裂危機からの脱出を志向するような練習を行うことで技術習得が図られる（金子，2005b）とされています。これを踏まえると、渡し走者は、相手や周辺の環境に対する意識（情況投射化的意識）の表面化をきっかけとし、習熟し特に意識を持たずとも可能となっていた自身の疾走に関する意識（自我中心化的意識）が、「相手に届かないかも」といった失敗の予感という形で分裂危機意識を招くのだと考えられます。そしてこの分裂危機を想定したトレーニングの必要性から、渡し走者のリレートレーニングは、パス局面を中心に徐々に疾走速度を上げて慣れていくようなものではなく、相手の疾走状況や周辺環境を再現し、「できないかも」という意識（分裂危機）と隣り合わせの中で渡し走者自身の疾走を維持する練習を積むことが重要であると考えられます。

（3）受け走者の意識内容の特徴

受け走者は、【パス局面】（表 11 項目 19, 20）よりも手前の局面から、すでに他チームの走者や走路形状といったリレー特有の環境から影響を受けながら、渡し走者が後方から

接近してバトンがもらえるかという意識を抱き、さらに自身が正確にスタートし加速動作を行う意識を抱いていました。このような後方の渡し走者への意識と、自身のスタートに関する意識は、バトンをもらうために自身の疾走速度を減少させるか、TOZ 内を速く移動するために疾走速度を増加させるかという相反する動作意識が必要となります。この 2 つの意識は、渡し走者も含めた周囲環境の変化といった情況投射化的意識と、自身の疾走動作に関する自我中心化的意識として捉えることができ、双方の意識が相互隠蔽の関係にあると考えられます。

【準備局面】（表 11 項目 8〜10）と【加速局面】（表 11 項目 17〜18）の間に位置する【スタート局面】（表 11 項目 11〜16）では、後方の渡し走者への意識は見られず、自身のスタート動作に関する意識（自我中心化的意識）のみ見られました。実際の受け走者の動作は、わずかな時間で【準備局面】（表 11 項目 8〜10）から【スタート局面】（表 11 項目 11〜16）を経て【加速局面】（表 11 項目 17, 18）に至ります。そのため受け走者は、【準備局面】から【スタート局面】、【スタート局面】から【加速局面】の意識の切り替えを十分に習熟しておく必要があると思われます。また、渡し走者と同様、他チームの走者や走路の形状といった周囲への意識（情況投射化的意識）は、自身の疾走に関する意識の阻害要因として作用することも明らかとなりました。

これらを踏まえると、受け走者のリレートレーニングは、渡し走者の場合と同様にパス局面を中心に徐々に疾走速度を上げて慣れていくといった従来の方法ではなく、相手の疾走状況と自身の動作への意識の一方しか意識できない性質（相互隠蔽作用）を踏まえ、スタート局面で自身の動作への意識の切り替えができるよう練習を積むことが重要であると考えられます。

5　まとめ

本書の目的は、TOZ 付近の両走者の疾走パフォーマンスの向上方法の提案です。本章（研究課題 3）では、TOZ 付近を疾走する走者が抱く意識内容とその場面、意識内容間の関係を明らかにすることを目的とし、リレーに習熟した選手の半構造化インタビューの内容を M-GTA を用いてまとめました。

バトンパスに関するトレーニングでは、パス位置や手挙げ時間といった外からの観察や計測に基づくことに加え、バトンパスに至る手前の局面に注目し、自身の疾走動作に関す

る意識（自我中心化的意識）と、他チームや相手走者や環境要因への意識（情況投射化的意識）のいずれか一方が顕在化する性質（相互隠蔽作用）に注目する必要があるといえます。渡し走者は、受け走者の疾走状況や周辺環境への意識によってスムーズなバトンパスが困難になる（分裂危機）中で、渡し走者自身の疾走を維持する練習を積むことが重要です。受け走者は、渡し走者の疾走状況と、自身のスタートや加速動作への意識の相互隠蔽作用の中で、スタート局面で自身の動作への意識の切り替えができるよう練習を積むことが重要と考えられます。

Ⅷ章　新たなトレーニング法「追跡走」の提案と実証的研究（研究課題 4）

1　トレーニング法の提案と研究目的

(1) これまでの研究課題の小括

　本書の目的は、TOZ 付近の走者の疾走パフォーマンスの向上方法の提案です。そのための研究課題として TOZ 付近の疾走に関する心理的要因、環境要因の影響や要因間の関係の解明を掲げました。

　研究課題 1（Ⅴ章）では、受け走者の OHP や UHP といったパス動作の違いや手挙げ時間の長さによる疾走速度の差は認められず、受け走者の TOZ 付近の疾走パフォーマンスに影響を与えるのは、パス方法や手挙げ時間ではなく、選手の意識内容であることが明らかとなりました。研究課題 2（Ⅵ章）では、4×100m リレー特有の環境要因について、両走者の疾走速度の高さや、両走者の速度差、TOZ の位置、曲走路の曲率の大きさといった要因が走者に影響を与え、OZ に至ることが明らかとなりました。研究課題 3（Ⅶ章）では、渡し走者と受け走者のバトンパスに至る手前における自身の疾走動作に関する意識（自我中心化的意識）と、他チームや相手走者や環境要因への意識（情況投射化的意識）との相互隠蔽作用に注目する必要性が明らかとなりました。渡し走者は、受け走者の疾走状況や周辺環境を起点とした「受け走者に追いつけず、バトンパスができないかも」という分裂危機と隣り合わせの中で、渡し走者自身の疾走を維持する練習を積むことが重要であると明らかになりました。そして受け走者は、渡し走者の疾走状況への意識か自身のスタートや加速動作への意識の一方しか意識できない（相互隠蔽作用）中で、スタート局面で自身の動作への意識の保持や切り替えができるよう練習を積むことが重要であることが明らかとなりました。

(2) 新たなトレーニング法「追跡走」の提案

　リレー競技の本質は、4 人の走者がバトンを速くゴール地点に運ぶことです。そのためには、TOZ 付近の両走者の疾走を改善し、DM 距離をより長く設定できるようにすることが必要です。そうすることで利得時間が向上し、結果としてリレー記録全体が改善できる（Zhang & Chu, 2000）と考えられます。しかし、DM 距離を長くすると渡し走者がより遠くから受け走者に追いつく必要があり、渡し走者が受け走者に追いつけない危険性

も高まります。そのためDM距離を延ばすことに抵抗を感じる選手も多く、リレーの記録向上に向けた積極的な戦術の採用が困難な場合も考えられます。実際のコーチング現場でも大会レース直前の練習などを見て、今までのDM距離よりも短いものを採用すること（俗にいう「安全バトン」）があると思います。DM距離を長くする戦術の実施には、これまで報告されているパス動作やパス完了位置といった量的に観察される項目を考慮に入れた練習に加え、本書の研究課題1〜3（V〜Ⅶ章）で明らかになった走者の意識に注目し、両走者のTOZ付近の疾走そのものを改善する必要があると思われます。

　そこで、DM距離を通常のバトン練習時よりも3〜5足長長く取り、両走者がパス動作をすることなくTOZ内を実際のリレーと同様の速度で疾走する練習を行ってはどうでしょう。渡し走者はリレーレース時と同程度の距離を実戦同様の速度で疾走し、受け走者と接近する状況の中、バトンパスをせずTOZ出口まで疾走します。あらかじめDM距離を通常よりも長くとり、パス動作を行わない前提で疾走することで、パス動作ができるかどうかといった意識は両走者の中から除去され、環境要因と対峙をしながらTOZ付近を高い速度で疾走する練習を行うことができます。これを「追跡走」とよぶこととします。

　この追跡走は、キネステーゼ解体の概念を応用したものです。キネステーゼ解体とは、ある運動の遂行において不可欠な動感を取り去って実施してみる方法のこと（日本コーチング学会，2017）とされています。キネステーゼ解体とは、金子（2005b）は、目標とする運動を習得したい時に、一度目標とする運動の核となるものを故意に取り外すことによって、運動全体がどのように遂行されるかが運動者にとって明らかとなるとしています。追跡走について見ると、バトンを渡すというTOZ付近の動作で最も重要なものをあえて消去することにより、両走者がバトンパス以外の自身の疾走や環境要因への意識を持つことができ、TOZ付近の効果的な疾走を獲得することができるようになるというものです。渡し走者の立場に立つと、TOZに向かって疾走し、DM通過後にバトンパスが可能か判断をすることなく、受け走者のスタートタイミングの成否を確認し、受け走者との距離の接近を感じながらTOZ内を疾走することになります。そして前方の受け走者と最接近するタイミングを捉えることを目指します。受け走者の立場に立つと、バトンパスの成否に関する意識を抱かずに、自身のスタートのタイミングを確認し、後方から接近してくる渡し走者の気配と自身の加速の様子を感じ取りながらTOZ内を疾走します。パス動作を行うという動作の主目的を外すことによって、自身の疾走内容や環境要因に対して意識

を向けることができ、結果としてTOZ内でのバトン移動速度の減少を抑制する練習となります。

　また、追跡走をトレーニングで実施する際には、外からの観察者を置き、動作の撮影をするとよいと思います。追跡走で両走者が最接近する位置は、TOZ内を最も効率的に疾走した場合のパス位置であると推測することができます。また、両走者が最接近した際の距離を見ることで、パス走時のおよそのDM距離を推定できます。例えばDM距離を35足長で追跡走を実施し、最接近した時の両者の距離がおよそ3足長分の長さであれば、パス時の両走者の伸ばした腕の長さを考慮する必要があるものの、パス走のためのDM距離は約32足長であると考えられます。走者の疾走意識に関する練習に加え、DM距離やパス完了位置の推定に応用することも可能です。

（3）追跡走の検証の必要性

　（2）で提唱された追跡走は、本書の研究課題1～3（V～Ⅶ章）が理論的根拠となりますが、実際に追跡走を行い、そのパフォーマンス内容や意識内容の取得が行われたわけではありません。つまり、追跡走の効果が実証的に示されたわけではありません。そこで本章（研究課題4）は追跡走とパス走を実施し、パフォーマンス内容や意識内容を比較することで追跡走の効果を検証することを目的とします。

2　方法

（1）研究対象者

　研究対象者は、高校男子陸上競技短距離選手4人（年齢16.5±0.5歳、身長176.5±4.9 cm、体重61.2±1.1kg、100m走の最高記録11.69±0.23秒）としました。研究対象者は、当該高校チームのリレーメンバーであり、計測開始の2週間ほど前から実験と同じ走順でバトン練習をしていました。4人中3人は陸上競技歴が1年未満、残り1人が4年であり、研究対象者4人とも、追跡走やパス走といった本実験で用いる疾走方法への理解は図られているものの、バトンパスの習熟度はあまり高くない選手でした。いずれの研究対象者においても疾走に影響をするような傷害は有していませんでした。本実験に先立ち、研究対象者には本研究の目的および実験参加に伴う危険性について十分な説明を行い、日々のトレーニングの中に組み入れて実施しました。

VIII章 ───── 新たなトレーニング法「追跡走」の提案と実証的研究（研究課題4）

　本研究は、追跡走とパス走の2種類の疾走方法を用いてパス動作の有無による質的情報も含めたパフォーマンス差を検討するため、バトンパスが習熟されているペアの疾走速度を計測する必要があります。そこで、走者4人を1〜4走の走者として固定して練習をしていたため、その走順を入れ替えずに実験を行い、質的情報の妥当性を確保しました。図35に示すように、追跡走とパス走のそれぞれを、渡し走者は第1走者（選手A）、第2走者（選手B）、第3走者（選手C）の3人、受け走者は第2走者（選手B）、第3走者（選手C）、第4走者（選手D）の3人と固定しました。

図 35　疾走者の割り当て

(2) 測定条件

　測定のための条件を図36に示します。追跡走のDM（以下、DM（追跡））は、トレーニング実施時に事前調査を行い、パス走でのDM（以下、DM（パス））よりも5足長ほど長く設定しました。これにより、追跡走時のTOZ内は、渡し走者と受け走者がパス動作を意識せずに疾走する状況をつくることができます。渡し走者と受け走者にはパス位置まで自身の疾走に意識をおき、相手との距離感を意識しないよう求めました。一方でパス走は、両走者がバトンパス完了できる距離で疾走するためバトンパスへの意識が入ることになります。この両者を比較することで、バトンパスが遂行される手前の局面で、パス意識の有無が疾走速度などに与える影響を検討しました。渡し走者の疾走距離は120mとし、図36のように測定区間は研究対象者があらかじめ設定したDM（追跡）もしくはDM（パス）の手前10mを「準備局面」、DM直後から10mを「スタート局面」、さらにその後の10mを「接近局面」としました。受け走者は、TOZのスタートラインから疾走を開始し、計測区間はスタート後5m地点から15m地点までの10mを「接近局面」とし、計測回数はいずれも10回としました。走路は撮影区間が直走路になるように配置をし、走路上のレーンのラインに対して垂直方向に1mごとにラインを記しました。計測にはハイスピードカメラ（SONY社製 DSC-RX0、撮影速度480Hz）を4台用い、1台ごとに10m区間が計測できるよう、カメラ位置を地面から1mの高さで設置し走路の側方から撮影を行いました。測定の際にはリレー種目の指導経験のある指導者が全試技を観察し、「バトンが渡らな

い」、「バトンを落とす」、「受け走者が明らかに失速した場合」など、試技失敗と判断されたものはデータ算出から除外しました。

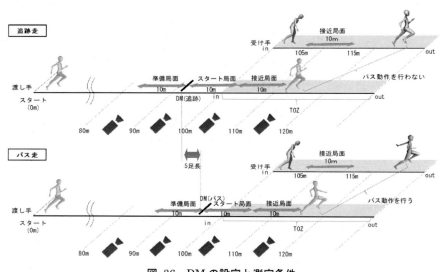

図36　DMの設定と測定条件

(3) 測定項目

　測定項目は、「疾走速度」、「接地時間」、「滞空時間」としました。疾走速度は、各区間の始点終点を通過する際の時刻をQuick Time Playerのコマ数表示から読み取り、区間距離（10m）に要する時間を除することで疾走速度を算出しました。始点終点は、計測画面上でトラックラインから垂線を引き、そのラインを疾走者の胸鎖関節が通過する時点としました。

　接地および滞空時間は、疾走速度の算出で用いた映像を使用し、疾走者の足部の静止が確認できたコマナンバーを接地開始時とし、足部の動作が確認できたコマナンバーを接地終了時とし算出しました。各試技における準備局面、スタート局面、接近局面のそれぞれ最初の接地時から4歩（2サイクル）分の時間を測定しその平均値を算出しました。

　自己観察内容の取得は、パス走を実施した直後に、測定者や観察者との接点がない状況で、各選手に自由記載で行いました。渡し走者と受け走者双方に、「準備局面」、「スタート局面」、「接近局面」の3局面に分けて記載を依頼しました。受け走者について、疾走速度

や接地、滞空時間の計測は接近局面のみを行いましたが、受け走者は渡し走者のDM（パス）通過とともにスタート動作をする状況であるため、そのスタート動作を行う前を「準備局面」、スタート動作を行う前後を「スタート局面」として自己観察内容を取得しました。また、各局面で特に何も感じなかった部分は未記入とするようにしました。取得した観察内容を、自身の疾走に意識を置きながら動作を評価した「自我中心化的内容」と、相手や周囲との間合いを測りながら動作を評価した「情況投射化的内容」（金子，2005a）に分類し、その頻度を求めました。

(4) 統計処理

本研究は、個別選手の動感意識を取り扱うため、選手ごとに統計処理を行いました。同一局面の比較にはstudentのt検定（対応あり、両側検定）を用いました。選手内の疾走の比較には一元配置分散分析（対応あり）を用い、F値が有意であると認められた場合に、事後検定としてBonferroni法による多重比較を行いました。有意水準はいずれも5%未満としました。

3　結果

(1) 疾走速度について

渡し走者の疾走速度について、選手Aの準備局面での疾走速度（図37①左）は、追跡走が8.72±0.13m/sec、パス走が8.62±0.26m/secと有意差は認められず（$t(9)=0.99$、$p=0.35$）、スタート局面（図37①中央）では、追跡走が8.64±0.18m/sec、パス走が8.66±0.31m/secと有意差は認められず（$t(9)=0.13$、$p=0.90$）、接近局面（図37①右）では、追跡走が8.68±0.22m/sec、パス走が8.71±0.26m/secと有意差は認められませんでした（$t(9)=0.26$、$p=0.80$）。また、追跡走の疾走速度の局面ごとの有意差は認められず（$F(2,18)=1.27$、$p=0.30$）、パス走の疾走速度にも局面ごとの有意差は認められませんでした（$F(2,18)=1.85$、$p=0.19$）。

選手Bの疾走速度は、準備局面（図37②左）では、追跡走が8.38±0.18m/s、パス走が8.35±0.22m/sで有意差は認められず（$t(9)=0.39$、$p=0.70$）、スタート局面（図37②中央）では、追跡走が8.32±0.25m/sec、パス走が8.10±0.21m/secと追跡走よりもパス走の方が有意に低値を示し（$t(9)=2.98$、$p<.05$）、接近局面（図37②右）では、追跡走が

8.33±0.27m/sec、パス走が 8.06±0.23m/sec と追跡走よりもパス走の方が有意に低値を示しました（$t(9)=2.90$、$p<.05$）。そして追跡走に局面ごとの有意差は認められませんでした（$F(2,18)=0.81$、$p=0.46$）が、パス走では局面ごとに有意差が認められ（$F(2,18)=7.53$、$p<.01$）、準備局面に比べスタート局面の方が有意に低値を示し（$p<.05$）、準備局面に比べ接近局面の方が有意に低値を示しました（$p<.01$）。

　選手 C の疾走速度は、準備局面（図 37③左）で、追跡走が 8.59±0.18m/s、パス走が 8.50±0.10m/s と有意差は認められず（$t(9)=1.27$、$p=0.23$）、スタート局面（図 37③中央）では、追跡走で 8.57±0.21m/sec、パス走で 8.37±0.15m/sec とパス走の方が有意に低値を示し（$t(9)=3.30$、$p<.01$）、接近局面（図 37③右）では、追跡走が 8.58±0.16m/sec、パス走が 8.23±0.20m/sec とパス走の方が有意に低値を示しました（$t(9)=7.05$、$p<.001$）。追跡走で局面ごとの有意差は認められませんでした（$F(2,18)=0.05$、$p=0.95$）が、パス走では局面ごとに有意差が認められ（$F(2,18)=8.32$、$p<.01$）、準備局面に比べ接近局面の方が有意に低値を示しました（$p<.01$）。

Ⅷ章 ── 新たなトレーニング法「追跡走」の提案と実証的研究（研究課題4）

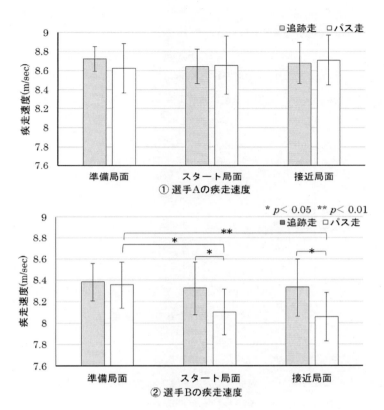

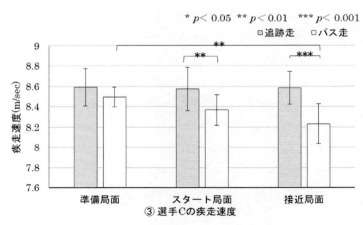

図 37　渡し走者の疾走速度

次に受け走者の疾走速度について、選手B（図38左）は、追跡走が6.84±0.15m/s、パス走が6.85±0.15m/sと有意差は見られず（$t(9)=0.06$、$p=0.95$）、選手C（図38中央）は、追跡走が7.00±0.14m/sec、パス走が6.85±0.18m/secとパス走の方が有意に低値を示し（$t(9)=3.63$、$p<.01$）、選手D（図38右）は、追跡走6.93±0.10m/sec、パス走6.77±0.13m/secとパス走の方が有意に低値を示す結果となりました（$t(9)=2.82$、$p<.05$）（図38）。

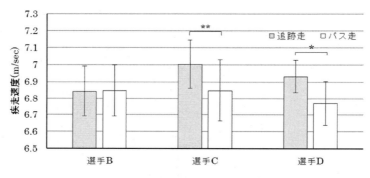

図38 受け走者の疾走速度

(2) 接地時間、滞空時間について

渡し走者の接地時間と滞空時間について、選手Aの接地時間（図39①左半分）は、準備局面で、追跡走が0.114±0.003sec、パス走が0.113±0.004secで有意差は認められず（$t(9)=0.12$、$p=0.90$）、スタート局面でも、追跡走が0.118±0.005sec、パス走が0.118±0.004secと有意差は認められませんでした（$t(9)=0.18$、$p=0.86$）。そして、接近局面でもパス走が0.120±0.003sec、追跡走は0.122±0.004secと有意差は認められませんでした（$t(9)=1.82$、$p=0.10$）。追跡走の局面間の比較では、有意差が認められ（$F(2,18)=35.02$、$p<.001$）、準備局面に比べスタート局面が有意に高値を示し（$p<.001$）、準備局面に比べ接近局面が有意に高値を示し（$p<.001$）、スタート局面よりも接近局面が有意に高値を示しました（$p<.05$）。パス走の局面間についても有意差が認められ（$F(2,18)=36.19$、$p<.001$）、準備局面よりもスタート局面が有意に高値を示し（$p<.01$）、準備局面よりも接近局面の方が有意に高値を示し（$p<.001$）、スタート局面よりも接近局面の方が有意に高値を示しました（$p<.01$）。

選手Aの滞空時間（図39①右半分）は、準備局面で、追跡走が0.116±0.005sec、パス

走が $0.118\pm0.006\text{sec}$ と有意差は認められず（$t(9)=1.21$、$p=0.23$）、スタート局面で、追跡走が $0.117\pm0.006\text{sec}$、パス走が $0.120\pm0.003\text{sec}$ とパス走が有意に高値を示し（$t(9)=3.59$、$p<.01$）、接近局面で、追跡走が $0.116\pm0.005\text{sec}$、パス走が $0.121\pm0.005\text{sec}$ とパス走が有意に高値を示しました（$t(9)=3.15$、$p<.05$）。追跡走の局面間では有意差は認められず（$F(2,18)=0.56$、$p=0.58$）、パス走の局面間でも有意差は認められませんでした（$F(2,18)=1.68$、$p=0.21$）。

次に、選手 B の接地時間（図 39②左半分）は、準備局面で、追跡走が $0.129\pm0.003\text{sec}$、パス走が $0.132\pm0.003\text{sec}$ とパス走の方が有意に高値を示し、（$t(9)=2.72$、$p<.05$）、スタート局面で、追跡走が $0.129\pm0.005\text{sec}$、パス走が $0.137\pm0.003\text{sec}$ とパス走の方が有意に高値を示し（$t(9)=3.43$、$p<.01$）、接近局面で追跡走が $0.135\pm0.005\text{sec}$、パス走が $0.141\pm0.004\text{sec}$ とパス走の方が有意に高値を示しました（$t(9)=2.45$、$p<.05$）。また、追跡走の局面間に有意差が認められ（$F(2,18)=22.01$、$p<.001$）、準備局面よりも接近局面の方が有意に高値を示し（$p<.001$）、スタート局面よりも接近局面の方が有意に高値を示しました（$p<.001$）。そして、パス走の局面間でも有意差が認められ（$F(2,18)=32.58$、$p<.001$）、準備局面よりもスタート局面の方が有意に高値を示し（$p<.01$）、準備局面よりも接近局面の方が有意に高値を示し、（$p<.001$）、スタート局面よりも接近局面の方が有意に高値を示しました（$p<.01$）。

選手 B の滞空時間（図 39②右半分）は、準備局面において追跡走が $0.128\pm0.006\text{sec}$、パス走が $0.125\pm0.004\text{sec}$ と有意差は認められず（$t(9)=1.49$、$p=0.17$）、スタート局面で追跡走が $0.128\pm0.007\text{sec}$、パス走が $0.127\pm0.004\text{sec}$ で有意差は認められませんでした（$t(9)=0.59$、$p=0.57$）。また接近局面で、追跡走が $0.127\pm0.005\text{sec}$、パス走が $0.126\pm0.005\text{sec}$ と有意差は認められませんでした（$t(9)=0.55$、$p=0.59$）。追跡走の局面間について有意差は認められず（$F(2,18)=0.29$、$p=0.75$）、パス走の局面間にも有意差は認められませんでした（$F(2,18)=0.80$、$p=0.47$）。

最後に選手 C の接地時間（図 39③左半分）は、準備局面で、追跡走が $0.113\pm0.002\text{sec}$、パス走が $0.113\pm0.003\text{sec}$ と有意差は認められず（$t(9)=0.43$、$p=0.68$）、スタート局面で、追跡走が $0.114\pm0.003\text{sec}$、パス走が $0.116\pm0.003\text{sec}$ と追跡走よりもパス走の方が有意に高値を示し、（$t(9)=2.28$、$p<.05$）、接近局面で追跡走が $0.117\pm0.004\text{sec}$、パス走が $0.122\pm0.004\text{sec}$ とパス走が有意に高値を示しました（$t(9)=3.18$、$p<.05$）。追跡走の局面間に有意差が認められ（$F(2,18)=11.24$、$p<.001$）、準備局面に比べ接近局面の方が有意

に高値を示し（$p<.001$）、スタート局面より接近局面の方が有意に高値を示しました（$p<.05$）。パス走についても局面間に有意差が認められ（$F(2,18)=22.63$、$p<.001$）、準備局面よりも接近局面の方が有意に高値を示し（$p<.001$）、スタート局面よりも接近局面の方が有意に高値を示しました（$p<.01$）。滞空時間は、準備局面で追跡走が0.114±0.003sec、パス走が0.113±0.003secと有意差は認められず（$t(9)=1.04$、$p=0.33$）、また、スタート局面では追跡走が0.112±0.006sec、パス走が0.112±0.003secと有意差は認められず（$t(9)=0.31$、$p=0.77$）、接近局面でも追跡走が0.112±0.005sec、パス走が0.113±0.006secと有意差は認められませんでした（$t(9)=0.31$、$p=0.76$）。追跡走の局面間には有意差は認められず（$F(2,18)=1.04$、$p=0.37$）、パス走の局面間にも有意差は認められませんでした（$F(2,18)=0.05$、$p=0.95$）。

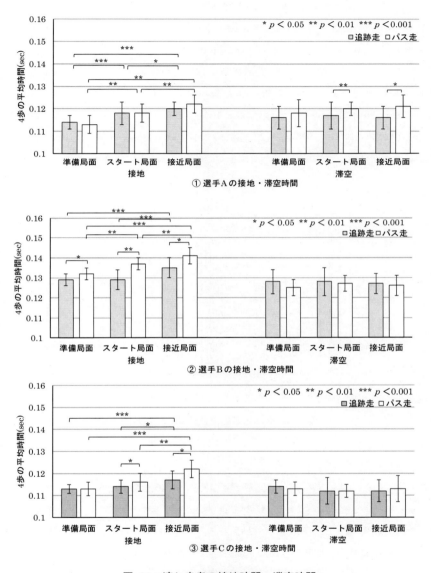

図 39 渡し走者の接地時間、滞空時間

受け走者の接地時間と滞空時間について、選手 B の接地時間（図 40 左側）は、追跡走が 0.139±0.003sec、パス走が 0.143±0.003sec とパス走の方が有意に高値を示し（$t(9)=$

4.18、$p<.01$)、滞空時間は追跡走が 0.112±0.004sec、パス走が 0.115±0.005sec と有意差は認められませんでした（$t(9)=1.30$、$p=0.23$）。選手 C の接地時間（図 40 中央）は、追跡走が 0.124±0.005sec、パス走で 0.131±0.007sec とパス走の方が有意に高値を示し（$t(9)=2.93$、$p<.05$）、滞空時間は、追跡走が 0.090±0.005sec、パス走が 0.088±0.007 と有意差は認められませんでした（$t(9)=1.58$、$p=0.15$）。選手 D の接地時間（図 40 右側）は、追跡走が 0.130±0.003sec、パス走が 0.137±0.005sec とパス走の方が有意に高値を示し（$t(9)=3.56$、$p<.01$）、滞空時間は、追跡走が 0.100±0.004sec、パス走が 0.104±0.004sec と追跡走に比べパス走の方が有意に高値を示しました（$t(9)=2.36$、$p<.05$）。

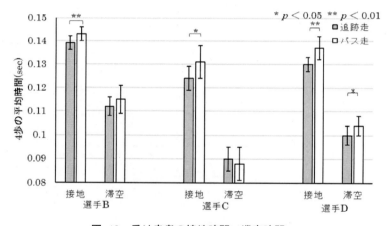

図 40　受け走者の接地時間、滞空時間

（3）自己観察内容について

　渡し走者の自己観察内容について、各選手はそれぞれの走者（1～3 走）としてイメージしながらバトンを渡していました。そして質問紙にも各走者の視点に立って回答をしていました。選手 A（表 12 上段）は、準備局面とスタート局面で自身の疾走に関する記述が認められ（10 試技中 8 回及び 5 回）、接近局面で受け走者との距離感に関する記述が認められました（10 試技中 8 回）。選手 B は、準備局面で受け走者に追いつけるかどうかといった記述が認められ（10 試技中 7 回）、接近局面でパス直前の受け走者との距離感に関する記述が認められました（10 試技中 7 回）。選手 C は、準備局面で自身の疾走に関する記述（10 試技中 5 回）と、受け走者との距離感に関する記述が認められ（10 試技中 4 回）、

接近局面で、パス直前の受け走者との距離感に関する記述が認められました（10試技中7回）。

表 12　渡し走者の自己観察内容

	準備局面		スタート局面		接近局面	
	記述内容の特徴	身体知の分類	記述内容の特徴	身体知の分類	記述内容の特徴	身体知の分類
選手A	上体を中心とした自らの疾走に対する意識（10回中8回）	自我中心化的	自らの疾走速度に関する意識（10回中5回）	自我中心化的	受け走者との距離の詰まり具合に関する意識（10回中8回）	情況投射化的
選手B	受け走者に追い付けるかどうかという意識（10回中7回）	情況投射化的	特に記載内容なし		受け走者との距離の詰まり具合に関する意識（10回中7回）	情況投射化的
選手C	腕振りを中心とした自らの疾走に対する意識（10回中5回）	自我中心化的	特に記載内容なし		受け走者との距離の詰まり具合に関する意識（10回中7回）	情況投射化的
	受け走者に追い付けるかどうかという意識（10回中4回）	情況投射化的				

　受け走者の自己観察内容について（表 13）、各選手はそれぞれの走者（2〜4走）としてイメージしながらバトンを受けており、回答も各走者の視点に立って回答をしていました。選手Bは、準備局面で自身のスタート姿勢に関する記述が認められ（10試技中6回）、渡し走者の疾走に関する記述も認められました（10試技中3回）。そして、スタート局面で渡し走者との距離を見て自身のスタートタイミングを計る意識に関する記述が認められ（10試技中7回）、接近局面では、自身の加速感や疾走フォームに関する記述が認められました（10試技中7回）。選手Cは、スタート局面で渡し走者との距離を見て自身のスタートタイミングを計る意識に関する記述が認められ（10試技中9回）、接近局面では、渡し走者との距離の接近に関する記述（10試技中6回）と、自身の疾走に関する記述が認められました（10試技中3回）。選手Dは、スタート局面で渡し走者との距離を見て自身のスタートタイミングを計る意識に関する記述が見られ（10試技中7回）、接近局面では、渡し走者との距離の詰まり具合を探る記述が認められました（10試技中7回）。

表 13　受け走者の自己観察内容

	準備局面		スタート局面		接近局面	
	記述内容の特徴	身体知の分類	記述内容の特徴	身体知の分類	記述内容の特徴	身体知の分類
選手B	自身のスタート姿勢に関する意識（10回中6回） 渡し手走者の疾走に関する意識（10回中3回）	自我中心化的 情況投射化的	渡し走者との距離を見て自身のスタートタイミングを計る意識（10回中7回）	情況投射化的	自身の加速感や疾走フォームに関する意識（10回中7回）	自我中心化的
選手C	特に記載内容なし		渡し走者との距離を見て自身のスタートタイミングを計る意識（10回中9回）	情況投射化的	渡し手走者との距離の詰まり具合に関する意識（10回中6回） 自身の加速感や疾走フォームに関する意識（10回中3回）	情況投射化的 自我中心化的
選手D	特に記載内容なし		渡し走者との距離を見て自身のスタートタイミングを計る意識（10回中6回）	情況投射化的	渡し手走者との距離の詰まり具合に関する意識（10回中7回）	情況投射化的

4　考察

　本章（研究課題 4）は、新たなトレーニング法として提案された追跡走の効果を実証的に検討することを目的としました。そのために、追跡走とパス走について TOZ 前後の疾走パフォーマンスについて量的、質的双方の指標を用いて検討を行いました。なお、本研究における研究対象者の 100m 疾走能力は 11.69±0.23 秒であり、パス走における DM 距離も、全て 26〜28 足長で行っていたことから、4 選手の競技能力は比較的類似しているといえます。そのため、各局面において意識される内容も類似しているとみなしました。

（1）渡し走者の疾走パフォーマンスと自己観察内容について

　渡し走者の疾走速度（図 37）に注目すると、追跡走は3選手とも TOZ 付近全局面で有意な低下は認められなかった一方で、パス走では、選手 B、C がスタート局面、接近局面で追跡走に比べ有意に低値を示しました。接地時間（図 39）は、3 選手とも追跡走、パス走ともに後方の局面ほど高値を示し、特に選手 B、C はスタート局面、接近局面で、追跡走よりもパス走の方が有意に高値を示しました。滞空時間（図 39）は、選手 A のスタート局面と接近局面で、追跡走よりもパス走の方が有意に高値を示しました。自己観察内容（表 12）に注目すると、選手 A は準備局面からパス直前まで自身の疾走に関する意識を

多く保持する一方で、選手B、Cは、自身がDMを通過する前の準備局面で、受け走者との距離感に関する意識を保持していました。

　土江（2010）は、最大努力下のスプリント走の接地時間、滞空時間とピッチ、ストライドの関係に着目し、接地時間とピッチとの間には、接地時間が長いほどピッチが低下しているという負の相関関係、滞空時間とピッチとの間には、滞空時間が長いほどピッチが低下しているという負の相関関係、滞空時間とストライドとの間には、滞空時間が長いほどストライドが長いという正の相関関係があると報告しています。この諸関係をもとに、短い接地時間内でピッチの低下を抑えつつ地面反力を獲得し、滞空時間の維持もしくは増大によってストライドを確保することが重要であるとしています。言い換えると、短時間で効率的な接地をすることで滞空時間（≒ストライド）を確保することが重要ということです。

　いずれの選手の接地時間（図39①②③）も、追跡走、パス走の両走法において、準備局面、スタート局面、接近局面と疾走位置が後方になるほど接地時間が長くなる傾向にありました。これは、後ろの局面ほど疾走速度の維持に必要である短時間での地面反力の獲得が困難になったことを示していると考えられます。選手Aの接地時間（図39①）は、全局面で追跡走とパス走の間に有意差は認められず、滞空時間はスタート局面と接近局面で追跡走に比べパス走の方が有意に高値であることから、土江（2010）の指摘する効率的な接地による滞空時間の獲得が達成できていると考えられます。選手Aの自己観察内容（表12）は、準備局面とスタート局面で、自身の疾走に関する記述が多い点を踏まえると、パス走で前方の受け走者が疾走を開始する状況下においても、受け走者を意識せずに自身の疾走に意識を向けることによって、それ以降の局面の疾走速度を維持していると考えられます。その点で選手Aの意識内容や動作内容は良い例であると考えられます。一方、選手B、Cの接地時間（図39-②、③）は、スタート局面以降で追跡走に比べパス走が有意に高値を示したことからピッチが低下したと考えられます。そして滞空時間は全局面で追跡走とパス走との間に有意差が認められないことから、接地時間が延びた割に滞空時間（≒ストライド）が変わらず、結果として疾走速度が低下したと考えられます。選手B、Cの自己観察内容（表12）に注目すると、準備局面で、まだ受け走者が疾走を開始していないにもかかわらず、受け走者との距離感に関する予感的記述が見られ、自身の疾走に関する意識が薄れたり、受け走者を強く意識したりして疾走姿勢が乱れたと考えられます。以上より、通常の100mの疾走速度を決める要因に加えて、選手AのようにTOZ付近の疾走で

自己の疾走に関する意識作用が疾走速度低下を抑制し、選手B・Cのように相手との距離を測るような意識作用が疾走速度の低下をもたらすと考えられます。研究課題3（Ⅶ章）では、渡し走者がTOZ手前や受け走者のスタート直後に、環境に関する意識内容を抱いたり、受け走者との距離を意識したりすることで疾走速度の低下につながる可能性が指摘されており、本研究結果の内容を支持するものと考えられます。

（2）受け走者の疾走パフォーマンスと自己観察内容について

　受け走者の疾走速度（図38）は、選手Bの追跡走とパス走の間に有意差は認められませんでしたが、選手C、Dは追跡走に比べ、パス走の方が有意に低値を示しました。接地時間（図40）は、3選手ともに追跡走に比べパス走の方が有意に高値を示し、滞空時間（図40）は、選手Dが追跡走に比べパス走の方が有意に高値を示しました。自己観察内容（表13）は、準備局面では選手Bが自身のスタート姿勢に関する意識を保持し、スタート局面では、3選手とも渡し走者との距離を見て自身のスタートタイミングを計る意識を保持していました。接近局面では、選手Bが自身の疾走に関する意識を保持し、選手C、Dが渡し走者との距離感に関する意識を保持していました。

　スプリント走の加速局面における疾走速度の増加は、ストライドの増加によるもので、距離が進み加速するほど接地時間が短くなる（小林ほか，2009）とされています。本結果では、疾走速度（図38）については、選手C、Dで追跡走に比べパス走の方が有意に低値を示し、接地時間（図40）については、全ての選手で追跡走に比べパス走の方が有意に高値を示す結果でした。つまり、バトンパスにおける受け走者の加速は、通常100m走に見られるような要因に加えてリレー特有の要因が存在する可能性を示しています。

　そこで、自己観察内容（表13）に注目をすると、選手Bは、接近局面で自身の疾走に関する意識が見られ、選手C、Dは、渡し走者との距離の接近具合に関する意識が見られました。つまり、選手Bは、加速の最中に後方から迫る渡し走者を意識せず、自身の疾走に関する意識を持つことによって、追跡走と同程度の疾走速度を獲得したと考えられます。一方、選手C、Dは加速の最中に、後方から迫る渡し走者との距離に関する意識を持つことで自身の疾走に関する意識が希薄になり、円滑な加速動作ができず、結果として追跡走と比べパス走の疾走速度が有意に低値を示したと考えられます。したがって、後方から迫る渡し走者への意識作用は受け走者の加速を阻害するため、受け走者の加速の最中は、自身の疾走への意識を保持することが加速にとって有効であると考えられます。

（3）追跡走のコーチング現場への応用

　追跡走の DM 距離はパス走に比べて 3〜5 足長長いものを設定しました。そのため追跡走では、パス動作や相手に追いつけるかどうかといった意識は作用しないことになります。つまり、パス走時に渡し走者が環境要因に左右されずに自身の疾走を行い、受け走者が疾走速度を上げる意識を持ち疾走速度が低下しなければ、追跡走より 3〜5 足長短い DM 距離でバトンパスが可能であることを示しています。言い換えれば、追跡走の DM 距離から 3〜5 足長縮めてもバトンパスができないならば、渡し走者が自身の意識作用によって疾走速度が低下しているともいえます。これらを応用し、追跡走とパス走を継続的に行うことで、パス走の DM 距離を追跡走からおよそ推定できます。

（4）追跡走の実践例

　図 41 は筆者の指導していた男子高校生リレーチームと全国高校総体決勝進出チーム（2008〜2013 年、2016 年のものを使用：2014、2015 年度は該当データが存在せず、2018 年以降は競技規則が改正され、追跡走を実施した事例との比較ができないためデータを用いなかった）の TOZ 通過タイム合計（1 区間 20m が 3 区間の合計 60m）（日本陸上競技連盟科学委員会，2008〜2013，2017）と、リレー記録との関係を示したものです。筆者は本書で提案した追跡走を 2016 年度から自チームのトレーニングで日常的に行っていました。自チーム 2016 年 5 月から 8 月（8 月初旬に全国高校総体が開催され、指導チームも準決勝まで進出）の約 3 か月間で男子 4×100m リレーのタイムが 41 秒 78 から 41 秒 02 までの 0.76 秒短縮し、TOZ 合計タイムは 6.70 秒から 6.05 秒に 0.65 秒短縮することができました。2017 年までは 4×100m リレーの TOZ は 3 区間合計で 60m であり、4 人の疾走距離合計 400m のわずか 15%を占めるに過ぎません。しかしその 15%の区間で、400m 全体の 0.76 秒短縮のうち、0.65 秒と全体の約 86%のタイム短縮を行うことができました。これは TOZ 内の両走者の疾走パフォーマンスが向上し、TOZ 付近のバトン移動速度が向上した結果だと考えられます。データでは示していませんが、2018 年度にも男子 4×100m リレーで全国高校総体準決勝に進出しています。この時の 4 人の 100m タイムは 10 秒 94 の者が 1 人いるだけで、残りの 3 人は 11 秒 0〜2 台の選手でした。その 4 人で 4×100m リレーを 40 秒 77 で走ったので、利得タイムは 3.0 秒を上回ります。この結果も追跡走を継続的に実施してきた結果であると考えられます。

話を 2016 年チームに戻しましょう。追跡走を実施した約 3 か月間で、練習やレース前のウォーミングアップなどで追跡走を実施した回数は、24 回でした。このように追跡走を継続実施することで、渡し走者にとって TOZ 内での受け走者への接近が容易になり、少しずつ TOZ 入口に近い位置でバトンパスが行われる「詰まるバトンパス」に近くなりました。その後、追跡走、パス走ともに DM 距離をそれぞれ 1 足分長くして、再び追跡走とパス走を並行して実施したところ、やがて延ばした DM 距離であっても渡し走者は受け走者に TOZ 内で接近できるようになりました。これを繰り返すことで、受け走者が渡し走者からより離れた位置からスタートをしても、渡し走者は受け走者に TOZ 内で接近しバトンパスが可能となりました。その結果、TOZ 内のバトン移動速度が向上し TOZ 内のバトン移動タイムが向上しました。実例を挙げると、第 2 走者から第 3 走者のバトンパスについて、トレーニング実施前（2016 年 4 月）のパス走の DM 距離は 29 足長でした。しかし 3 か月後（2016 年 7 月）の DM 距離は 3 足分延び、32 足長となりました。仮に 4×100m リレーの合計 3 か所の TOZ でそれぞれ DM 距離が 3 足延びたとすると、全体で合計 9 足分延びたことになります。スパイクシューズの大きさを 30cm と仮定すると、9 足分は合計 270cm となり、この距離の分だけ遠くから受け走者に接近するため、疾走距離を短縮したことと同じ効果があることになります。単純な計算ですが、速度 10m/sec 弱で疾走しているなら、約 0.3 秒短縮をしたことになります。

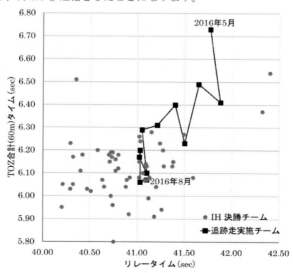

図 41　リレー記録と TOZ 通過タイム合計の関係

5　まとめ

　本書の目的は、TOZ付近の両走者の疾走パフォーマンス向上方法の提案です。そのための研究課題としてTOZ付近の疾走に関する心理的要因、環境要因の影響や要因間の関係の解明を掲げました。本章（研究課題4）では、新たなトレーニング法として提案された追跡走の実証的検討を目的とし、そのために追跡走とパス走を実施し、自己観察内容を取得しました。結果として、追跡走に比べてパス走の疾走パフォーマンスが低下した走者は、パス走時の準備局面やスタート、追跡開始局面で相手走者との距離に関する意識を抱いていることが明らかとなりました。一方で、追跡走の疾走パフォーマンスとパス走の疾走パフォーマンスが同等となっている走者は、パス走実施時に相手走者との距離に関する意識を抱くことなく自身の疾走に関する意識を持ち、TOZ付近を疾走していました。

　追跡走をトレーニングとして反復行うことで、パス走実施時にも追跡走と同様に自身の疾走に関する意識を抱いて疾走することが可能となり、結果としてパス走の疾走速度が向上すると考えられます。実践例として、筆者の指導する男子高校生チームでは、日常のバトン練習時に追跡走を3か月間実施したところ、TOZ通過タイムが0.65秒と大きく向上し、リレートレーニングの効果が認められました。

IX章　総合考察　バトンパスモデルとリレーコーチングへの提言

1　本書の目的と意義（確認）

　これまで各章では、各研究結果から言及できる内容のみ記載をしていましたが、本章は各章の結果をもとにさらに発展的に考察を進め、本書独自の理論を展開する部分です。

　本書は、陸上競技 4×100m リレーにおける TOZ 付近の疾走速度の向上方法を明らかにすることを目的としています。これまでのリレー研究は OHP か UHP かといったパス方法や手挙げ動作時間に注目したものが多く、TOZ およびその付近の疾走に関する研究はほとんど行われていませんでした。

　日本代表男子は UHP を採用することで日本よりも走力で勝る他国と対等な勝負ができるようになった（スポーツ報知、2023 年 8 月 23 日；Engated Media、2023 年 8 月 20 日）といわれています。しかし、コーチング現場では UHP を積極的に採用するような傾向は見られません。実際のコーチング現場では、OHP か UHP かといったパス方法の議論はほとんどなく、OHP を採用しているチームが多いです。特に中高生のジュニア期のチームでは、ほとんどのチームが OHP を採用しているのが現状です。コーチング現場では、パス方法よりも、受け走者のスタートのタイミングや渡し走者の TOZ 内での判断をもとにしたコーチングが多く行われています。この現状は、リレー研究で得られた知見がコーチング現場に浸透していない、言い換えればコーチング現場の実態とリレー研究との乖離を示しているともいえます。厳しい言い方になりますが、これまでのリレー研究が、リレーコーチングの現場に応用可能なものであるならば、日本代表男子の活躍などがきっかけとなり 4×100m リレーのコーチング方法に変容が見られるのではないでしょうか。

　本研究はこのような現状を踏まえ、リレーにおけるパス技術をもとにしたリレーコーチングの有効性は限定的なものであり、走者の疾走そのものの充実に向けた具体的なトレーニング方法の提示を目指しました。

2　各章（V～VII章：研究課題 1～3）で明らかになったこと

（1）受け走者のパス方法と疾走速度の関係（V章：研究課題 1）

・手挙げの高さの違いは、走者の疾走姿勢に影響を与えたものの、OHP と UHP といったパス動作の違いによる TOZ 内のパフォーマンス差は限定的である。

- OHP、UHP いずれの手挙げ方法でも、手挙げ時間の違いによるパフォーマンスタイム差は生じなかった。
- 量的に観察される動作の差ではなく、両走者が抱く意識内容に注目したトレーニングをすることが好ましい。

(2) リレー特有の環境要因とオーバーゾーンの関係（Ⅵ章：研究課題 2）
- 高い速度での疾走中、両走者の疾走速度差やゾーン位置、曲走路の曲率の大きさなどといった個人種目の 100m とは異なる環境条件によって、OZ に至る事例が多いと判明。特に男子選手、リレー習熟度の低い選手、インコースを走る場合に OZ が誘発されやすい。
- レース時と同様の疾走速度と練習環境を設定し、疾走時に生じる意識内容を再現したトレーニングが必要。

(3) 両走者の意識内容とその関係について（Ⅶ章：研究課題 3）
- リレートレーニングでは、バトンパスに至る手前の局面で、自身の疾走動作に関する意識と、他チームや相手走者や環境要因といった周囲の状況への意識との切り替わりに注目すべき。
- 渡し走者は、受け走者との距離や周辺環境への意識を持ちながらも、渡し走者自身の疾走を維持する意識を持つとよい。
- 受け走者は、後方の渡し走者の疾走と自身のスタート加速動作への意識の切り替わりの中で、スタート局面では自身の動作への意識を持つとよい。

3　バトンパス疾走モデル

　本研究の結果、熟練したリレー走者の TOZ 付近における意識内容や、リレー走者が TOZ 付近疾走時に留意すべき点を踏まえると、渡し走者・受け走者の望ましい TOZ の疾走方法を提示することができます。以下では、渡し走者・受け走者それぞれについて局面ごとに走者が抱く意識や取るべき判断について述べていきたいと思います。図 42 を参照しながら読み進めてほしいと思います。

(1)渡し走者のバトンパス疾走モデル

渡し走者の疾走について、TOZ手前の「単独疾走局面」、受け走者スタート開始後の「追跡開始局面」、受け走者と接近する「追跡局面」、バトンを受け走者に渡す「パス局面」と分割し、各局面での意識、判断の流れをまとめました。

①単独疾走局面

渡し走者は、当然のことですが高い疾走速度を維持するように疾走します。この時、「受け走者に追いつくことができない」と予感されるような意識が自身の疾走に対して生じたならば、後の受け走者のスタート直後の局面で、受け走者に減速を求める必要が生じます。また疾走速度が高い男子選手や成年選手の場合、曲走路の曲率の大きさが自身の疾走に影響を与えるため、DM距離の足長はその点も考慮に入れる必要があります（研究課題2）。具体的には、9レーンのような外側レーンと、1レーンのような内側レーンとでは、設定するDM距離を調整する必要があり、1レーンの方が曲率が大きい（半径が小さい）ため、渡し走者の疾走速度に影響が生じることから、DM距離を通常よりわずかに短くする必要があると思われます。よって中央の4～6レーンばかりで練習をするのではなく、内側・外側レーンといった異なる環境下で実施することも必要です。

②追跡開始局面

渡し走者が、DMを通過すると受け走者が疾走を開始します。受け走者のスタート動作を開始するタイミングが明らかに早い場合は、受け走者に減速を求める合図を早めに出すべきです。早い段階で渡し走者が受け走者に対して減速の合図を出せば、受け走者の疾走速度はまだ上昇途中であり、加速を多少緩めるだけで大きくバトン移動速度を減ずることなくバトンパスが可能です。しかし、渡し走者の合図が遅れたり、受け走者が早いタイミングでスタートしたことに気づかず加速を継続したりした場合、渡し走者は受け走者に追いつくことができません。それを受け走者がTOZ出口で気づき、急激に減速をしたとしても受け走者とのバトンパスを完了することができずOZに至ってしまったり、受け走者はほとんど停止してしまうくらいに減速をしたりしてしまいます（研究課題3）。渡し走者が受け走者のスタートのタイミングが適切であると判断した場合、渡し走者は引き続き受け走者との距離を過度に意識することなく、自身の疾走を継続する意識を持つべきです（研究課題3）。このような瞬時の判断は、追跡走やパス走を実際に行い、その都度両走者、さらには外からの観察者や指導者で確認していくことが重要であるといえます。

③追跡局面

　渡し走者は、隣接レーンを並走する選手の動作などによって疾走速度に影響が生じることがあります。他チームの選手と接触したり、著しく疾走速度を損なったりした場合はすぐに受け走者に減速を求める必要があります。この局面で受け走者に対して減速の合図を行った場合、受け走者の疾走速度はスタート時より上昇しているため、TOZ内でバトンパスを完了できずにOZとなる可能性が高くなります（研究課題3）。しかし、両走者が停止をしてでもTOZ内でバトンパスをすれば、失格を防ぐことができます。決勝レースであればたとえ記録が悪くても完走すれば8位入賞となるわけです。よってバトン練習の際には、どのような状況でもバトンパスを完了する癖をつけておくべきです。そして、繰り返しになりますが、どこでどのような意識が作用し判断を行ったのか、リレー練習時に周囲を含めてよく話し合うことが重要です。

④パス局面

　渡し走者は、受け走者に接近した後、受け走者にバトンを渡すことになります。パス動作はあらかじめ十分に慣れ、渡し走者がパス動作に関する意識を過剰に抱くことがないようにしておくべきです（研究課題3）。バトンパス完了位置について、男子選手は女子選手に比べてTOZ出口に近い場所で渡る傾向にある（太田・麻場, 2019）といわれています。渡し走者の方が受け走者よりも疾走速度が高ければ、バトンパス完了位置はTOZ入口に近くなり、その逆ならば、バトンパス完了位置はTOZ出口に近くなります。バトンパス完了までに生じる環境要因やそれに対する走者の対応の内容によってバトンパス完了位置はその都度変容すると捉えるべきであり、バトンパス完了位置という結果のみにこだわるのではなく、その位置でバトンパスが完了した要因（意識、判断、環境）の流れを練習時からよく分析しておく必要があります。

(2)受け走者のバトンパス疾走モデル

　次に、受け走者の疾走について、スタート姿勢をとる前の「準備局面」、渡し走者のDM通過と同時にスタートを開始する「スタート局面」、自身の疾走速度を高める「加速局面」、渡し走者からバトンを受け取る「パス局面」と分割してモデル化をしたいと思います。

① 準備局面

　受け走者は、スタート姿勢をとる前から後方の渡し走者の疾走状態を観察する必要があります。渡し走者の疾走速度がいつもよりも低下していると判断される場合は、受け走者自身のスタートのタイミングをわずかに遅らせたり、スタート後の加速を少し緩めたりするなどの対応をとる必要があります。受け走者がスタート姿勢をとる際、他チームの渡し走者を意識することは避け、自チームの渡し走者への意識と、自身のスタート姿勢に対する意識を持つべきといえます（研究課題3）。TOZ の位置によっては、隣接するレーンを疾走する他チームの走者が DM 視認の妨げとなる場合もあります。

②スタート局面

　渡し走者の DM 通過と同時に、受け走者は疾走を開始します。受け走者のスタート直前に、自他のチーム問わず渡し走者への意識を持つと DM よりも手前でスタートしてしまうことがあるため、自身のスタート動作に注意を向けます（研究課題3）。スタート直後に自身のスタートのタイミングが適切であったかどうか瞬時に振り返り、疾走速度の調節が必要かどうか判断します。受け走者自身がスタートのタイミングが遅いと判断した場合、受け走者は加速を緩めることなく、タイミングが正常であった場合と同様に疾走を継続します。一方で受け走者自身がスタートのタイミングが早いと判断した場合、加速の程度を早い段階で緩めながら疾走をする必要があります。

③加速局面

　受け走者は加速動作を行い、疾走速度を高めます。渡し走者が追いつけない状態であるにもかかわらず受け走者が加速を継続してしまうと、バトンパスを行えず OZ となる可能性が高くなります（研究課題3）。したがって、渡し走者が受け走者に追いついてくるかどうかの判断は極めて重要になります。ただし、受け走者が後方の渡し走者との距離を過度に確認しようとするあまり、受け走者自身の加速に関する意識が希薄になると、バトンパスが実施できたとしても、バトン移動速度が低下することになります。日頃のリレー練習の中で、走者の判断や意識が作用した局面や内容をよく話し合っておくべきです。

④パス局面

　渡し走者が受け走者にパス可能な距離に接近したら、後方から手を挙上する合図が送ら

れます。その合図とともに受け走者は後方に手を挙げ、バトンを受け取ります。コーチング現場では手挙げ時間を短くしようとする指導がよく行われますが、受け走者の手挙げ時間を極端に短くする必要はありません（研究課題1）。それどころか、手挙げ時間を短くしようとするあまり、受け走者が疾走への意識を持たず十分な加速が妨げられたり、まだバトンが渡りきっていないにもかかわらず受け走者が手を下ろしてバトンをはじいてしまったりすることもあります。手挙げ時間が多少延びたとしても、受け走者が自身の疾走への意識を持っていれば、バトン移動速度に大きな影響を与えることはありません（研究課題1、3）。

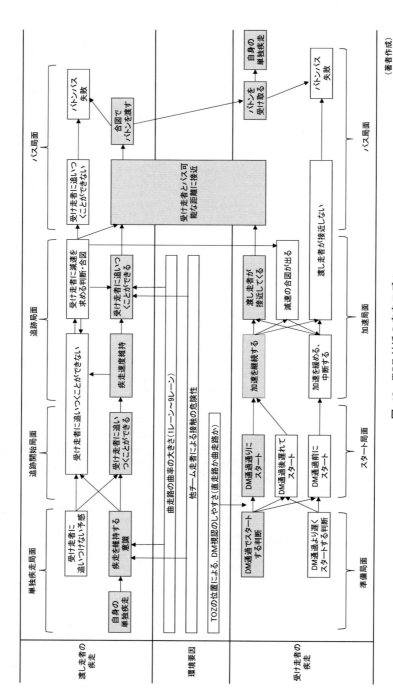

図 42　TOZ付近の疾走モデル

(著者作成)

4 リレートレーニングの方法

この項目では、実際にリレートレーニングを行う手順について述べていきます。下に示した図 43 に沿って説明を行います。

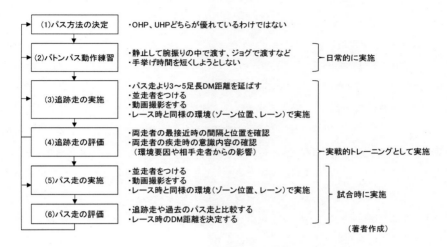

図 43　リレートレーニングの流れ

(1)パス方法の決定

4人のリレー走者が実施するパス方法を決定し、そのパス方法に慣れる必要があります。多くのチームでは OHP が採用され、男子日本代表や大学生チームでは UHP を採用している場合も見られます。これを踏まえると、走者の疾走速度が高い場合は UHP を採用した方が良いと捉えることもできますが、Ⅴ章（研究課題 1）によると、OHP でも UHP でもどちらのパス方法でも大きな差はありません。Ⅴ章（研究課題 1）において、UHP を模した手挙げ動作（Low 疾走）は、腕や脚の可動域が通常疾走に比べて小さく、ピッチ型に近い疾走動作となっていました。一方、OHP を模した疾走（High 疾走）では、通常疾走に比べてストライドが伸び、ピッチが低下し、ストライド型の疾走に近い動作となっていました。この知見によって、受け走者がストライド型の選手の場合は OHP、ピッチ型の場合は UHP を採用すべきとは断言できませんが、受け走者の疾走動作の特徴によってパス方法の変更をする戦略も考えられます。例えば OHP によって受け走者の疾走動作が間延

びする（動作は大きくなるが遅くなる）ようならば、UHP を採用することも考えられ、一方で、UHP によって受け走者の疾走動作が小さくなり十分な加速が得られないならば OHP への変更も考えるとよいかもしれません。もちろん、オーダー変更の可能性を考慮に入れれば、全員同一のパス方法を採用しておくことが賢明であるという意見もあると思います。これは考え方の問題であり、どちらか優劣をつけられるものではありません。

(2)バトンパス動作練習

　パス方法が決定したら、静止状態や低い速度の下でパス動作に慣れる練習を行います(尾縣，2007；日本陸上競技連盟，2013a；2013b；全国高体連，2013；星野，2018)。高い疾走速度で実戦的なバトンパス練習をする際に、渡し走者・受け走者がパス動作に慣れていないと、疾走中にパス動作に対して過剰に意識が向いてしまいます。その結果、自身の疾走を維持する意識が希薄となり、疾走速度が低下する恐れがあります(研究課題3)。また、パス動作のための手挙げ時間は、極端に短縮する必要はないといえます (研究課題1)。渡し走者・受け走者ともに、渡し走者の合図→受け走者の手挙げ動作→渡し走者のバトンパス動作→受け走者のバトン受け取り、というパス動作の順序を守りながら、確実に自分の疾走を行うことを心掛けるべきです。受け走者がバトンをもらおうという意識を持つあまり、渡し走者の合図もないうちに受け走者が手を挙げたり、極端に短い手挙げ時間にしようとしたりして、受け走者がバトンを受け取りきる前に手を下ろし始めることがないようにしなければなりません。

(3)追跡走の実施

①事前準備

　バトンパス練習をする場所は、中高生なら日ごろは土のグラウンドで実施している学校も多いかと思いますが、実際の競技場に近い環境とすることが望ましいです。また、学校のグラウンドでは再現が難しいかもしれませんが、TOZ は曲走路に位置することが多く、直走路でのバトンパス練習は、曲走路由来の環境要因が走者の意識に与える影響を再現できません。具体的には、疾走速度の高い男子高校生以上の選手は、曲走路の曲率の大きさによって疾走速度の影響を受けることが考えられるため、1、2 レーンといった内側レーンや、8、9 レーンといった外側レーンでのバトン練習を行う必要があります(研究課題2)。したがって、1、2 レーンの曲率に近い曲走路を一部だけでも再現してバトン練習を行うと

IX章 ── 総合考察　バトンパスモデルとリレーコーチングへの提言

よいと思います。

　そして、リレー練習は本番のレースと同等の緊張感で行いたいものです。リレー選手が疾走するレーンの両隣のレーンには、並走する走者を配置することが好ましいです。リレー選手以外の走者を並走させることで、実際のリレー時の環境を再現でき、リレー選手の抱く意識内容も実戦に近いものにできます（研究課題3）。

　次に追跡走を行う際の DM 距離を決めます。パス走の足長から 3〜5 足長長くしたものを追跡走の DM 距離とし、足長はこれまでのパス練習の蓄積をもとに決定します。

　また、追跡走やパス走の疾走内容は、疾走後の評価のために、側方（曲走路の内側）から動画撮影をすべきです。撮影範囲は DM からパス位置までの約 30m とし、撮影方法はカメラを水平移動し走者を追いかける「パンニング」で撮るのがよいでしょう。しかし、トレーニング現場では、撮影に関するさまざまな制約が考えられます。その場合、撮影範囲は、両走者の距離が最接近しバトンパスが完了する位置の撮影を優先した方がよいと思います。その代わりに、受け走者のスタートのタイミングを観察する補助者をつけることをお勧めします。

　両者が接近した距離は、その後の DM 距離を決定する際の重要な指標であることに加え、バトンパス完了位置の確認にも応用できます。しかし撮影範囲が TOZ 中盤に限定されると、受け走者のスタートするタイミングの適切さを動画から確認できません。また、実際の試合は曲走路の内側からパンニング撮影をすることはできないため、曲走路外側からの撮影になるのもやむを得ません。大会で撮影した動画はスマートフォンやパソコンを用いて時間算出を行い、図 44 で示すように、データを蓄積することでリレー選手のバトン技術の向上や疾走速度の向上を客観的に評価できるようになります。さらに、追跡走やパス走の DM 距離と両走者の意識内容や疾走内容を記しておくことで、DM 距離を選手間で相談して決める際や、走力が同程度の選手の起用やオーダー編成を考える際の参考資料となります。

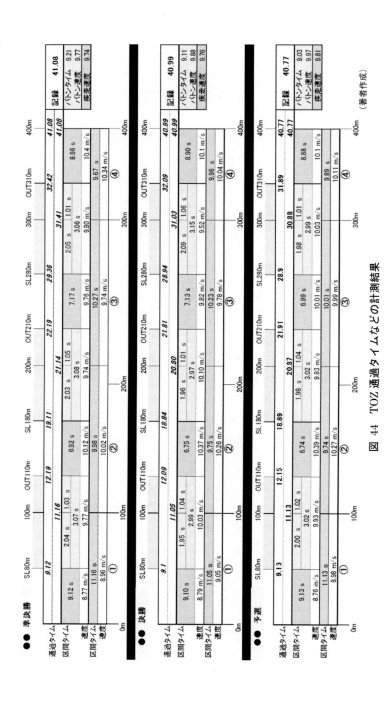

図 44 TOZ通過タイムなどの計測結果

(著者作成)

②渡し走者の疾走について

　練習で疾走する距離は、実際のレース時に近い長さ（TOZ入口手前 80~100m）とするべきです。100m走の最大疾走速度はスタート後 60m地点付近で到達し、それ以降はわずかに低下します（宮丸, 2001）。これに基づくと、TOZ内での渡し走者の疾走速度は、徐々に低下する局面といえます。パス走では、渡し走者が自身の疾走と、受け走者との距離の接近の度合いを瞬時に見極める必要があります（研究課題3）。そのため、TOZ内の疾走速度を実際のレース時に近いものにすることで、練習時に抱く意識内容もレースに近いものにできます。また、並走者をつけている場合は、その並走者も同時に疾走を開始します。TOZ入口あたりで並走者がリレーメンバーの近くを疾走することで、リレー選手の意識内容を実戦に近いものにできます（研究課題4）。そのため、並走者とリレーメンバーとの間に疾走能力の差がある場合、並走者はリレー選手よりもTOZに近い位置からスタートしてもよいでしょう。

　渡し走者の疾走感覚の定着を目的として、一日の練習の中で追跡走を複数本実施したい場合もあると思います。その場合に限って、渡し走者の疾走距離を 50~70mに短縮して 2~3本実施することも考えられます。その場合は、最後の 1本は実際の走行距離を走ることが望ましいと思います。

　渡し走者は、自身が DMを通過し受け走者に接近する際、受け走者付近では隣接レーンで並走者が疾走しています。しかし渡し走者はパス動作のために互いの距離を意識しないように疾走します（研究課題3）。パス走の DM距離を決定する必要があるため、渡し走者はたとえ受け走者への接近が困難であっても、受け走者に減速を求める必要はありません。渡し走者は、隣接レーンの選手から自身の疾走の妨げになるような影響も受けますが、それに構わず疾走を継続すべきです（研究課題 2, 3）。さらに渡し走者は、受け走者との距離が縮まっていく様子や、バトンパスが行われる地点やタイミングを把握する必要があるため、渡し走者は TOZの出口付近まで疾走をします。

　このように、渡し走者の手前を疾走する受け走者や隣接レーンの並走者がいる状況下で、パス動作を実施しない追跡走は、渡し走者が TOZ内を最も効率的に疾走した状態であるといえます。この状況は図 42中の渡し走者に該当する灰色部分で、ここからパス動作を除去したものが追跡走です。この追跡走の実施内容をもとに、パス走での足長の決定が可能です。

③受け走者の疾走について

　受け走者は、渡し走者を観察する意識と自身のスタート準備に関する意識といった相反する意識内容を局面によって切り替える必要があります。（研究課題3）。受け走者は追跡走では渡し走者とのバトンパスを行いませんが、渡し走者の疾走状況を観察しながらスタート姿勢をとります。渡し走者の疾走状態を追跡走やパス走の後に確認をすると、パス走でのDM距離を決定する際の参考となります。

　受け走者は、渡し走者のDM通過と同時に疾走を開始し、TOZ出口まで疾走をします。受け走者はスタートのタイミングを誤ったとしても、自身の加速を緩めることなく自身の疾走を継続して構いません。受け走者のスタート時の渡し走者の位置とDMの位置との誤差は、撮影した動画や観察者からのコメントによって後から確認できます。疾走中に隣接するレーンの並走者による疾走の妨げが考えられますが、自身の疾走を継続する意識を持って加速します。また受け走者は、後方の渡し走者との距離に関する意識を持つのではなく、自身の疾走速度を上げる意識を持って走ります（研究課題3）。

(4)追跡走の評価

　撮影した動画もしくは補助者の観察内容によって、受け走者のスタートのタイミングを確認します。受け走者のタイプによって、スタート動作の癖があるので、それを考慮します。渡し走者のDM通過よりもわずかに早く動き出す者もいれば、渡し走者がDMを完全に通過してから動き出す者もいます。重要なことは、毎回の追跡走やパス走の際に同じタイミングでスタートができていることです。習熟した走者となると、受け走者自身がスタートしたタイミングを把握できるようになり、受け走者のスタートのタイミングが多少早かった場合には、直後に疾走速度を調整することが可能となります（研究課題3）。

　次に、撮影した動画を用いて、渡し走者と受け走者が最接近した距離を確認します。渡し走者と受け走者の最接近した距離が著しく遠い場合、その理由として、渡し走者のコンディションが悪く疾走速度が高くなかった、渡し走者が受け走者との距離感を意識するあまり自身の疾走を維持できていなかった、渡し走者の疾走が環境要因によって阻害された、または受け走者のスタートのタイミングが早すぎた、という点が考えられます。一方で、渡し走者と受け走者との距離が接近しすぎている場合、理由は渡し走者のコンディションが良く疾走速度が高かった、受け走者のスタートのタイミングが遅すぎた、受け走者が後方の渡し走者との距離を意識するあまり自身の加速動作ができていなかった、受け走者の

疾走が環境要因によって阻害された、という点が考えられます。

そして、直近の追跡走での疾走内容や、これまでの追跡走とパス走の疾走内容と足長を参考にしてパス走の DM 距離を決定します。追い風か向かい風かといったレース時の環境要因も考慮する必要があります。

(5)パス走の実施

追跡走の評価後には、バトンパス動作も含めたパス走を実施します。バトンパスを含む疾走のモデルは前掲の図 42 のとおりです。パス走は、全力疾走を伴うため、1 日のトレーニングの中で複数回実施できる内容ではない点に留意し、高い集中力を持って取り組むべきです。

実施時の留意点は、TOZ 内の疾走速度を再現する点です。TOZ 手前の疾走距離を短くしたバトン練習は避け、80m から 100m 走るべきでしょう。また、隣接するレーンに並走者をつけ、リレー選手が抱く意識内容を再現することも重要です。

パス走では追跡走時とは異なり、渡し走者・受け走者に対して、バトンパスを完了させるという目標が加わります。両走者の距離がスムーズに接近しバトンパスが可能であるとは限りません。そのような場合でも途中でバトンパスを中断するのではなく、両走者が疾走速度を落としてでもバトンパスの完了をすべきです。

(6)パス走の評価

パス走を実施すると、追跡走の場合と異なり、バトンパスがスムーズに完了せず、バトン移動速度の低下を招くことがあります。しかし、パス走の評価が、レース時の DM 距離を決定する判断材料となり、図 42 を参照しながら意識、判断内容を分析することが、今後のトレーニングに役立ちます。 パス走がうまくいかない場合は、大きく 3 つに分けられます。

1 つ目は、両走者がバトンパス可能な距離への接近が困難であった場合（いわゆる「延びたバトンパス」）です。この場合は、渡し走者の疾走速度が TOZ 付近で高く維持できなかったか、受け走者のスタート動作が早すぎた場合が考えられます。

2 つ目は、受け走者がスタートして間もなく両走者がバトンパス可能な距離に接近してしまう場合（いわゆる「詰まったバトンパス」）です。この場合は、渡し走者の疾走が TOZ 付近で高かったか、受け走者のスタートのタイミングが遅かったことが考えられます。

最後の3つ目は、両走者の距離は適切に接近しているものの、バトンパスがうまくいっていない場合です。この場合は、疾走そのものに問題が見られないため、パス動作の練習（IX章4(2)バトンパス動作練習）をさらに行う必要があります。

5　追跡走の効果について

　研究課題4では、追跡走をトレーニング現場で実施し、その効果を検証しました。その結果、パス走では両走者ともに相手の距離に関する意識を過剰に抱くことで自身の疾走が維持できず、追跡走に比べて疾走速度の低下を招くことが明らかとなりました。一方、パス走で自身の疾走に関する意識を抱いた場合、追跡走と比べて疾走速度が低下しないことが明らかとなりました。また、追跡走を継続的にトレーニングに導入したところ、TOZ通過タイムが大きく改善、結果としてリレータイムが向上し、追跡走の継続的な実施が効果的であると示されました（図41）。

　追跡走の実施は、選手の疾走の改善に加えて、リレーチームの戦術にも効果的だといえます。リレー競技において、レース時に練習時よりもDM距離を延ばすことは、渡し走者・受け走者ともに、互いに接近できずバトンパスができないのではないかという不安が生じます。練習時に試したことのないDM距離を採用することは、チームにとって非常に大きな決断となります。一方で足長を縮める判断は、渡し走者と受け走者の接近が容易になるため、選手にとって安心感をもたらすことができます（太田，2018）。このように選手の心理的影響を考慮して、大会時にDM距離を延ばすことはあまり見られないのではないでしょうか。

　しかし、追跡走を日常的にトレーニングに組み込むことで、パス走時にDM距離を延ばす許容範囲を把握できます。DM距離の最大値を知ることで、DM距離を決定する際に、「DM距離を延ばしてよいか」という不安から「最大のDM距離まであと○足分延ばすことができる」という判断につながりますし、「最大値から○足分は縮めている」という心理的な安心感につなげることもできます。

6　本研究のトレーニング現場への貢献

　本書は、これまでパス動作を中心に展開されていたリレートレーニングの議論を、TOZ付近の疾走方法全体へと拡充し、リレーのコーチング現場において即座に応用できる知見

とトレーニング方法を提供するものです。本書で提案した方法は、リレー走者個々の疾走能力では他チームに劣る場合でも、**TOZ**内の疾走を改善しその差を埋め、リレーでは勝る可能性を高めるものといえます。陸上競技の大会の中でも、リレー競技は一日の競技の最終種目として実施され、チームを代表する4人の走者が疾走するという点でもチーム対抗の要素が強く注目度が高い種目です。日常のトレーニングはリレーメンバーだけバトン合わせをする別メニューもあるかと思いますが、追跡走を実施すれば、リレー走者だけでなく応援する者も一緒にリレー練習をすることができ、リレーを軸としたチームビルディングも可能です。

7 本研究の限界と今後の展望

　本書は、これまでパス局面に注目することが多かったリレー研究から、**TOZ**全体の疾走に注目する必要性とその疾走速度の向上方法を仮説として創出した段階にあります。リレー走者へのインタビューからも分かるように、受け走者の**DM**付近のスタートに関する知見は未だ明らかになっていないことが多く、今後さらなる検討が必要でしょう。本研究が起点となり、コーチング現場の実践知が研究において検討され、再び現場に還元されるという、コーチングのPDCAサイクルの展開が必要です。本書が陸上競技4×100mリレー研究の一端を担い、コーチング現場への示唆を示すことができれば幸いです。

X章　結論

　本書の目的は、4×100m リレーの TOZ 付近における走者の環境要因や心理的要因といった質的要因を明らかにし、TOZ 付近のバトン移動速度向上を図るコーチング方法の提案を行うことでした。得られた結論は以下 1～3 のとおりです。

1　TOZ 内の疾走方法

　TOZ 内の疾走で、バトン移動速度に影響を与える要因は、パス方法の違いや手挙げ時間の違いといったパス動作に関するものではなく、走者を取り巻く環境要因や走者の疾走時の意識内容であることが明らかとなりました。環境要因では、選手の疾走速度が高い場合に、曲走路の曲率の大きさやゾーン位置、バトンパス技術の習熟度といった要因が OZ などのバトンパスの失敗につながることが分かりました。また、意識面については、相手走者との距離に関する意識を過度に持つことで疾走速度が低下するため、渡し走者・受け走者ともに環境要因からの影響に左右されず、自身の疾走を維持する意識を持った上で TOZ 内を疾走することが必要です。

2　追跡走の実施方法と効果

　追跡走とは、パス走の DM 距離を 3～5 足長延ばし、渡し走者と受け走者がバトンパスを実施することなく TOZ 内を疾走するトレーニング方法です。この追跡走によって、渡し走者・受け走者ともに相手走者との距離に関する意識を過剰に抱くことなく、TOZ 付近における環境要因への対峙や、自身の動作に意識を置いた疾走が可能となり、TOZ 内の疾走速度の維持に貢献します。また、両走者が追跡走時に最接近した距離を評価することで、パス走時の DM 距離を決定するための手段としても活用が可能です。

3　追跡走とパス走を併用したトレーニング戦略

　パス走からは、両走者が抱く相手走者との距離に関する意識内容、受け走者がスタートした後に抱く渡し走者との距離に関する意識内容、渡し走者・受け走者のバトンパス時の接近度合いなどの情報を得ることができます。そして、追跡走では、渡し走者・受け走者ともに相手を意識することなく自身の高い疾走速度を維持する練習が可能です。追跡走と

パス走で得られた情報をモデルに従って両者の実施内容を比較し継続的にトレーニングをすることで、TOZ付近の疾走速度を上昇させることができます。また、パス走からは、両走者が抱く相手走者との距離に関する意識内容、受け走者がスタートした後に抱く渡し走者との距離に関する意識内容、渡し走者・受け走者のバトンパス時の接近度合いなどを取得することができます。そして追跡走とパス走を継続することでバトン移動速度の向上を図り、リレータイムを向上させることができます。

参考文献

阿江通良．(1996)．日本人幼少年およびアスリートの身体部分慣性係数．Japanese Journal of Sports Science, *15*(3), 155-162.

Ahmed,M.H. & Mohamed,B.E.S. (2019) *The effect of visual vision exercises on some visual variables and the level of （4x 100m） relay racing performance.* Assiut Journal of Sport Science and Arts. *2*: 113-131.

AmeliaF. & Palo,F. (2013)．*Differences in 200-m sprint running performance between outdoor and indoor venues.* Journal of Strength And Conditioning Research, *27*（1）: 83-88

American Sport Education Program（2007）．*Coaching youth track & field.* Human Kinetics: Illinois, 91-97.

青山清英，越川一紀，青木和浩，森長正樹，吉田孝久，& 尾縣貢．（2007) 走幅跳における選手の自己観察内容とコーチの他者観察内容の関係に関する研究．陸上競技研究，*71*, 16-28.

青山清英，越川一紀，青木和浩，森長正樹，吉田孝久，& 尾縣貢．（2009a)．上級走幅跳選手におけるパフォーマンスに影響を与える バイオメカニクス的要因とコーチの他者観察内容の関係．コーチング学研究，*22*, 87-100.

青山清英，越川一紀，青木和浩，森長正樹，吉田孝久，& 尾縣貢．（2009b)．国内一流走幅跳選手におけるパフォーマンスに影響を与える質的要因と量的要因の関係に関する事例的研究．体育学研究，*54*（1），197-212.

青山清英．（2009c)．走幅跳のパフォーマンスに影響を与える質的要因と量的要因の関係に関する研究（博士論文）．

朝岡正雄．（1999)．スポーツ運動学序説．不昧堂出版：東京，256-259.

朝岡正雄．（2019)．指導者のためのスポーツ運動学．大修館書店：東京，91-93.

浅川正一．(1954)．改訂 陸上競技．山海堂：東京，159-167.

浅川正一．(1960)．中学体育指導講座 陸上競技の指導．雄山閣出版：東京，121-132.

浅川正一, & 古藤高良．(1964)．写真と図解による陸上競技 新訂版．大修館書店：東京，84-91.

浅野友之, & 中込四郎．(2014)．アスリートのコツ獲得におけるプロセスモデルの作成．

スポーツ心理学研究, *41*(1), 35-50.

Bowerman,W.J. & Freeman, W. H. (2008). *High-performance training for track and field.* Leisure Press : Illinois, 52-53.

Boyadjian,A. & Bootsma,R.J.(1999). *Timing in relay running.* Perceptual and Motor Skills, 88, 1223-1230.

Bry,C., Meyer,T., Oberlé,D, & Gherson,T. (2009). *Effects of priming cooperation or individualism on a collective and interdependent task : Changeover speed in the 4×100 m relay race.* Journal of Sport and Exercise Psychology, *31*, 380-389.

Carr,G. (1991). *Fundamentals of track and field.* Human Kinetics : Illinois, 27-46.

Chang,Y.H., & Kram,R., (2007). *Limitations to maximum running speed on flat curves.* Journal of Experimental Biology, *210*, 971-982.

Churchill,S.M., Trewartha,G., & Salo,A.I. (2019). *Bend sprinting performance: new insights into the effect of running lane.* Sports Biomechanics, *18*(4), 437-447.

クレスウェル,J.W., & プラノ クラーク,V.L.(著), 大谷順子(訳)(2010). 人間科学のための混合研究法 質的・量的アプローチをつなぐ研究デザイン. 北大路書房:京都, 5-6.

デム,C.(著), 出口林次郎.(訳)(1927). 陸上競技の練習. 二松堂出版:東京, 82-88.

Doherty,K., Kernan,J.N., ed (2017) *Track and field omnibook.* Tafnews Press : California, 113-122.

エッカー,T.(著), 佐々木秀幸・井街悠(訳)(1979). 運動力学による陸上競技の種目別最新技術. ベースボール・マガジン社:東京, 42-45.

エッカー,T.(著), 澤村博監訳・安井年文・青山清英(訳)(1999). 基礎からの陸上競技バイオメカニクス. ベースボールマガジン社:東京, 96-106.

遠藤辰雄.(1959). 写真図説 陸上競技. 逍遥書院:東京, 27-35.

遠藤辰雄.(1971). 新体育学講座 第 57 巻 コーチ学(陸上競技篇)写真図説 陸上競技. 逍遥書院:東京, 27-35.

Engate Media, 2023 年 8 月 20 日, 陸上・4×100m リレー日本代表はなぜ強い？世界陸上ブダペストのメンバーは？, https://www.jiji.com/jc/v4?id=202007olytec-relay0002, 2023 年 11 月 25 日参照.

フリック,U.(2011). 新版 質的研究入門 <人間科学>のための方法論. 春秋社:東京, 6-

19.

Freeman,W. (2015). *Track & field coaching essentials.* Human Kinetics：Illinois, 110-118.

福島洋樹，黒住久徳，& 堀田朋基. (2010). 陸上競技 4×100m リレーにおけるバトンパス方法の特徴－アンダーハンドパスとオーバーハンドパスの動作比較－．富山大学人間発達科学部紀要, *5*（1），65-72

船木浩斗，& 會田宏. (2016). ハンドボールにおける 1 対 1 の突破阻止に関する実践知－国際レベルで活躍した防御プレーヤーの語りを手がかりに－，コーチング学研究, *30*(1)，43-54.

古藤高良. (1975). 陸上競技指導ハンドブック．大修館書店：東京，106-117.

長谷川常次郎. (1954). 陸上競技トラック篇．体育の科学社：東京，80-87

畑瀬聡，本道慎吾，青山亜紀，村上幸史，小山裕三，& 澤村博. (2009). 社会人上級投てき競技者の戦術能力に関するスポーツ運動学的考察．陸上競技研究, *77*（2），33-42

広川龍太郎，松尾彰文，& 杉田正明. (2009). 男子ナショナルチーム・4×100m リレーのバイオメカニクスサポート報告．陸上競技研究紀要, *5*，67-70

広川龍太郎，松尾彰文，柳谷登志雄，持田尚，森丘保典，松林武生，貴嶋孝太，山本真帆，髙橋恭平，渡辺圭佑，綿谷貴志，杉田正明，苅部俊二，土江寛裕，& 髙野進. (2012). 男子ナショナルチーム・4×100m リレーのバイオメカニクスサポート研究報告（第 2 報）．陸上競技研究紀要, *8*，35-38

広川龍太郎，松尾彰文，松林武生，貴嶋孝太，山本真帆，髙橋恭平，渡辺圭佑，綿谷貴志，柳谷登志雄，持田尚，森丘保典，杉田正明，苅部俊二，土江寛裕，& 髙野進. (2013). 男子ナショナルチーム・4×100m リレーのバイオメカニクスサポート研究報告（第 3 報）．陸上競技研究紀要, *9*，61-65

広川龍太郎，松尾彰文，松林武生，小林海，山本真帆，髙橋恭平，柳田登志雄，榎本靖士，小山宏之，門野洋介，岡崎和伸，土江寛裕，伊東浩司，& 杉田正明．(2014). 男子ナショナルチーム・4×100m リレーのバイオメカニクスサポート研究報告(第 4 報)．陸上競技研究紀要, *10*，100-103.

広川龍太郎，松尾彰文，松林武生，小林海，髙橋恭平，柳田登志雄，小山宏之，土江寛裕，苅部俊二，& 杉田正明．(2015). 男子ナショナルチーム・4×100m リレーのバイオメカニクスサポート研究報告（第 5 報）．陸上競技研究紀要, *11*，150-154.

比留間浩介，& 渡邉信晃．（2019）．リレー大会における渡し走者と受け走者の疾走能力の違いとバトンパス方法の関係：体育授業の場合．陸上競技学会誌，*17 (1)*，25-33．

星野晃志．（2018）．テクニックと戦術で勝つ！陸上競技リレー．メイツ出版：東京，78-115．

Hsu,T.Y.（2014）．*Development of the estimate of computer assistance program for checkmark position by different bend radius of curvature of different lanes in 4x100m relay．* HCI International 2014 - Posters' Extended Abstracts，90-94．

Husbands,C.（2013）．*Sprinting training,techniques and improving performance．* The crowood press：Wiltshire，86-89．

ジョーダン,B., & スペンサー,B.（著），小田海平（訳）（1970）．アメリカ陸上競技の技術．講談社：東京，113-124．

金子明友．（2005a）．身体知の形成（上）．明和出版：東京，24，118，222-226，306．

金子明友．（2005b）．身体知の形成（下）．明和出版：東京，42-43，66，96-97，117，168-169．

金子明友．（2007）．身体知の構造 構造分析論講義．明和出版：東京，306-317．

金子明友．（2009）．スポーツ運動学－身体知の分析論．明和出版：東京，247-248．

鹿野剣之介．（2020）．男子大学生における4×100mリレーの各走者区間およびテイクオーバーゾーンタイムがゴールタイムに及ぼす影響．仙台大学大学院スポーツ科学研究科修士論文集，*21*，37-45．

金原勇，& 猪飼道夫．（1961）．キネシオロジーによる新体育・スポーツ選書 陸上競技（トラック編）．学芸出版：京都，76-87．

金原勇，宮丸凱史，宮丸郁子，永井純，青木積之助，& 築地美孝．（1976）．陸上競技のコーチング（Ⅰ）．大修館書店：東京，169-170，386-403．

木下康仁．（2003）．グラウンデッド・セオリー・アプローチの実践－質的研究への誘い－．弘文堂：東京，25-28，236-237．

Knudson,D.V. & Morrison,C.S.（著），阿江道良（訳）（2007）．動きの質的分析入門．ナップ社：東京，6-9．

小林海，土江寛裕，松尾彰文，彼末一之，礒繁雄，矢内利政，金久博昭，福永哲夫，& 川上泰雄．（2009）．スプリント走の加速局面における一流短距離選手のキネティクスに関する研究．スポーツ科学研究 *6*，119-130．

小林海，大沼勇人，吉本隆哉，岩山海渡，高橋恭平，松林武生，広川龍太郎，松尾彰文，土江寛裕，& 苅部俊二．(2017)．日本代表男子・4×100m リレーのバイオメカニクスサポート〜2017 ロンドン世界選手権における日本代表と上位チームとの比較．陸上競技研究紀要，*13*，183-189．

小林海，高橋恭平，山中亮，渡辺圭祐，大沼勇人，松林武生，広川龍太郎，& 松尾彰文．(2018)．2018 年シーズンにおける男子 100m のレース分析結果．陸上競技研究紀要，*14*，89-93．

小林海，高橋恭平，大沼勇人，山中亮，渡辺圭祐，松林武生，広川龍太郎，& 土江寛裕．(2019)．日本代表男女 4×100m リレーのバイオメカニクスサポート．陸上競技研究紀要，*15*，172-180．

小山裕三，& 青山清英．(2002)．砲丸投げにおける投法変更に関する運動学的考察―オブライエン投法から回転投法への変更の場合―．コーチング学研究，*15*(1)，53-60．

小山裕三，& 青山清英．(2003)．国内一流やり投げ選手の技術構造に関する運動学的考察―村上幸史選手の場合―．コーチング学研究，*16*(1)，91-97．

マック,G.（著），佐々木秀幸，& 小林義雄（訳）(1985)．マック式短距離トレーニング改訂新版．講談社：東京，83-90．

マイネル,K.（著），金子明友（訳）(1981)．マイネル・スポーツ運動学．大修館書店：東京，24-25．

Maisetti,G.(1996) *Efficient baton exchange in the sprint relay*. New Studies in Athletics *11*，77-84

丸山吉五郎，古藤高良，& 佐々木秀幸．(1971)．スポーツ V コース 陸上競技教室．大修館書店：東京，115-122．

升元一人．(1948)．陸上競技の解説と指導，帝都出版社：東京．60-62．

松林武生，小林海，山中亮，大沼勇人，渡辺圭祐，山本真帆，笠井信一，図子あまね，& 土江寛裕．(2022)．陸上競技 4×100m リレーにおけるバトンパス技術向上へのデータ活用―東京 2020 オリンピック大会前の練習における事例―．Journal of High Performance Sport，*10*，107-124．

松尾彰文，広川龍太郎，柳谷登志雄，松林武生，高橋恭平，小林海，& 杉田正明．(2016)．2016 シーズンおよび全シーズンでみた男女 100m の速度分析とピッチ・ストライド分析について．陸上競技研究紀要，*12*，74-83．

Miles,M.B. & Huberman,A.M.（1994）．*An expanded sourcebook qualitative data analysis*．SAGE Publications：California，41-43．

三沢光男，滝孝三郎，渋谷貞夫，加藤昭，& 渡部誠．（1982）．女子陸上競技の指導．杉山書店：東京，88-98．

三輪佳見．（2006）．リレーのバトンパス指導における道しるべの構成．伝承，*6*，13-30．

宮川千秋．（1992）．最新陸上競技入門シリーズ1 短距離．ベースボール・マガジン社：東京，111-121．

宮丸凱史．（2001）．疾走能力の発達．杏林書院：東京，4-7．

宮下憲．（2005）．オーバーハンドパスとアンダーハンドパスについて（特集:リレー）．スプリント研究，*15*，20-26．

森川正光，佐久間和彦，& 青木和浩．（2009）．4×100mリレーにおける走者の疾走方法に関する研究．陸上競技研究，*3*，21-26．

楢崎正雄．（1929）．陸上競技 コーチと練習の秘訣．目黒書店：東京，161-167．

日本コーチング学会編．（2017）．コーチング学への招待．大修館書店：東京，108

日本陸上競技連盟編．（1967）．みんなの陸上競技．ベースボール・マガジン社：東京，92-102．

日本陸上競技連盟．（1987）．国際陸上競技連盟（IAAF）著 陸上競技のコーチングマニュアル－基本編－－公認コーチ必携－．ベースボール・マガジン社：東京，75-79．

日本陸上競技連盟編．（2013a）．陸上競技指導教本アンダー16・19 基礎から身につく陸上競技 初級編．大修館書店：東京，90-91．

日本陸上競技連盟編．（2013b）．陸上競技指導教本アンダー16・19 レベルアップの陸上競技 上級編．大修館書店：東京，10-16．

日本陸上競技連盟編．（2022）．陸上競技コーチングブック．大修館書店：東京，173-175．

日本陸上競技連盟編．（2023）．陸上競技ルールブック2023年度版．ベースボールマガジン社：東京，181-189．

日本陸上競技連盟科学委員会，全国高校総体バイオメカニクス速報データ集（2008～2013，2017年度）．https://www.jaaf.or.jp/about/resist/t-f/（科学委員会サイト）（2023/8/20参照）

日本体育学会編．（2006）．最新スポーツ科学辞典．平凡社：東京，838．

野口源三郎．（1927）．オリンピック陸上競技法．目黒書店：東京，447-454．

織田幹雄．(1946)．陸上競技．旺文社：東京，57-59．

織田幹雄．(1948)．陸上競技理論と技術．朝日新聞社：東京，184-192．

織田幹雄．(1949)．陸上競技．旺文社：東京，106-110．

織田幹雄．(1952)．陸上競技．旺文社：東京，100-102．

織田幹雄．(1962)．少年少女体育全集4 陸上運動．ポプラ社：東京，44-47．

尾縣貢．(2007)．ぐんぐん強くなる！陸上競技．ベースボール・マガジン社：東京，54-61．

岡尾惠市,& 陸上競技歴史研究会．(2022)．史料と写真で見る陸上競技の歴史 ルーツから現在・未来へ．大修館書店：東京，41-50．

岡島喜信，出村慎一，南雅樹，& 宮口尚義．(1996)．100m走の各走局面における腕振り動作の特徴について－走法別（ストライド型およびピッチ型）の観点から－，スポーツ方法学研究，*9*（1），49-56

大村邦英．(2010)．もっとうまくなる！陸上競技．ナツメ社：東京，60-69．

大西暁志，& 高木直正．(1995)．図解コーチ 陸上競技 トラック編．成美堂出版：東京，136-152．

大島鎌吉．(1953)． 陸上競技練習法．万有社：東京，88-90．

大島鎌吉．(1955)． 陸上競技－走技と巧技－．万有社：東京，162-164．

大島鎌吉，金原勇，福岡孝行，釜本文男．(1971)．図説 陸上競技事典（上巻）．講談社：東京，378-409

大谷吉五郎，丹羽悟郎，& 立石晃義．(1970)．Track & Field 一流を目指すアスリートのために．講談社：東京，63-69．

太田涼．(2018)．国民体育大会における陸上競技女子4×100mリレーのバトンパスの短期間のコーチング実践の分析：客観的データの活用とコーチングコンセプトの有用性．スポーツパフォーマンス研究，*10*，1-14．

太田涼，& 麻場一徳．(2018)．陸上競技女子4×100mリレーのバトンパスに関する研究：高校生から一流競技者を対象に．山梨学院大学スポーツ科学研究，*1*，1-8．

太田涼，& 麻場一徳．(2019)．陸上競技女子4×100mリレーにおけるオーバーハンドパスとアンダーハンドパスの比較：受け走者の加速に着目して．山梨学院大学スポーツ科学研究，*2*，11-17．

太田涼，& 麻場一徳．(2009)．日本女子ナショナルチーム4×100mリレー分析－2008年レースを中心に－．陸上競技研究，*76*，31-38．

大山泰史, 鈴木淳. (2012). バスケットボールにおけるリバウンド獲得の実践知についての質的研究. 福岡教育大学紀要, *61* (5), 57-63.

ケルチェターニ, R. (1992) 近代陸上競技の歴史－1860-1991 誕生から現代まで（男女別）－. ベースボール・マガジン社：東京, 15-16, 38, 83-84, 135-136, 206-207, 251-252, 269, 291, 300.

Quinn,M.D. (2009). *The effect of track geometry on 200- and 400-m sprint running performance.* Journal of Sports Sciences, *27* (1), 19-25.

Radford,P.F. & Ward-Smith,A.J. (2003). *The baton exchange during the 4×100 m relay: a mathematical analysis.* Journal of Sports Sciences *21*, 493-501.

Rogers,J.L. (2000). *USA track & field coaching manual.* Human Kinetics：Illinois, 123-137.

齋藤薫雄, & 梯一郎. (1929) 児童陸上競技の指導と実際. 厚生閣書店：東京, 160-168.

佐久間和彦. (2005). アンダーハンドパスについて（特集：リレー）. スプリント研究, *15*, 16-19.

佐久間和彦, 柳谷登志雄, & 杉浦雄策. (2008). 陸上競技4×100mリレーにおけるオーバーハンドパスとアンダーハンドパスの特性の比較. 陸上競技研究, *1*, 14-21.

Salo.A. (2001). *Running velocities and baton change-overs in 4 x 100 m relay exchanges.* ISBS-Conference Proceedings Archive, 87-90.

佐々木秀幸. (1988). ジュニア入門シリーズ 陸上競技. ベースボール・マガジン社：東京, 45-50.

佐々木秀幸. (2000). 図解コーチ 陸上競技 トラック&フィールド. 成美堂出版：東京, 50-59.

関岡康雄. (1990). 陸上競技の方法. 道和書院：東京, 36-40.

柴田俊和. (1994). 障害走の指導に関するモルフォロギー的考察. 東京学芸大学教育学部附属竹早中学校, *33*, 103-132.

島本憲夫. (2020). 陸上競技のリレー競技におけるバトンパスに関する検討. 北九州工業高等専門学校研究報告, *53*, 7-10.

杉田正明, 広川龍太郎, 松尾彰文, 川本和久, 高野進, & 阿江通良. (2007). 4×100m, 4×400mリレーについて－日本チームの挑戦－. 陸上競技学会誌, *特集号*, 21-26.

杉浦雄策. (1998). 国内一流選手のバトンパス局面における時間・速度および疾走能力が

4×100mリレーのレースタイムに及ぼす影響. 陸上競技研究, *33*, 36-46.

杉浦雄策, 沼澤秀雄, 松尾彰文, & 岡田英孝. (1994). 第3回世界陸上競技選手権大会4×100m リレーにおける世界一流選手のレースの時間分析. 日本体育学会大会号, *43B*, 780.

杉浦雄策, 佐久間和彦, & 杉田正明. (2021). 4×100m リレー・パフォーマンス向上のためのアンダーハンドパス技術と戦略. 陸上競技学会誌, *19*(1), 65-77.

スポーツ報知, 2023年8月18日, "リレー侍仕様" バトンパスはアンダーハンドで「バンッ」ではなく「スッ」… 本紙・手島記者「やってみた企画」, https://hochi.news/articles/20230817-OHT1T51221.html?page=1, 2023年11月25日参照.

豊嶋陵司, 田内健二, 遠藤俊典, 礒繁雄, & 桜井伸二. (2015). スプリント走におけるピッチおよびストライドの個人内変動に影響を与えるバイオメカニクス的要因. 体育学研究, *60*, 197-208.

土江寛裕. (2010). 最大スプリント走時の走速度, ピッチ・ストライド, 接地・滞空時間の相互関係と, 競技力向上への一考察. 城西大学研究年報自然科学編, *33*, 31-36.

土江寛裕. (2011). 陸上競技入門ブック 短距離・リレー. ベースボール・マガジン社：東京, 56-66.

内田博嗣. (1929). 陸上競技概論. 一成社：東京, 175-182.

William,W.L., Ibrahim,S.A. & Abdulkareem,H.S. (2021). *The effect of movement expectation exercises to the speed of the kinetic response and the level of performance to the effectiveness of run 4x100 relay.* Annals of Tropical Medicine & Public Health, 227-240.

山本邦夫, & 帖佐憲章. (1960). 陸上競技 トラック. 不昧堂：東京, 65-73.

山本邦夫. (1963). 陸上競技 女子と指導者のために. 日本体育社：東京, 100-105.

山本邦夫, & 山井正己. (1971). 体育実技叢書6 陸上競技の指導. 道和書院：東京, 90-103.

山本邦夫, & 山口正信. (1976). スポーツ作戦講座5 陸上競技（トラック）. 不昧堂出版：東京, 241-258.

山本邦夫, 永井純. (1980). スポーツ新シリーズ6 陸上競技 トラック. 不昧堂出版：東京, 133-144.

山本大輔, & 三宅庸平．(2018)．4×100mR における疾走能力およびバトンパスに関する要因がレースタイムに及ぼす影響．天理大学学報, *69(3)*, 1-7.

山浦晴男．(2012)．質的統合法入門 考え方と手順．医学書院：東京, 12-13.

吉岡隆徳．(1959)．短距離走法の新技術．不昧堂書店：東京, 171-186.

湯浅徹平．(1976)．陸上競技入門シリーズ 1 短距離．ベースボール・マガジン社：東京, 68-71.

Zarębska,E.A., Kusy,K., Włodarczyk,M., Osik,T. & Zieliński,J. (2021)．*Effective baton exchange in the 4x100 m relay race.* Acta Kinesiologica *15*, 27-31.

全国高等学校体育連盟陸上競技専門部．(2013)．高校トレーニング方式第 7 版 ジュニア陸上競技メソッド．陸上競技社：東京, 124-135.

Zhang,B.M. & Chu,D. (2000)．*The study of the optimal exchange technique in 4x100m relay.* ISBS-Conference Proceedings Archive, 810-812.

関係資料

4×100m リレーに関する記載箇所一覧（陸上競技マガジン、月刊陸上競技）

情報誌番号	情報誌名	刊号	ページ
1	陸上競技マガジン	1952年7月号	12-19
2	陸上競技マガジン	1953年10月号	20-23
3	陸上競技マガジン	1953年11月号	21-24
4	陸上競技マガジン	1955年8月号	35-37
5	陸上競技マガジン	1964年7月号	47-49
6	陸上競技マガジン	1965年11月号	58-60
7	陸上競技マガジン	1966年8月号	70-73
8	陸上競技マガジン	1966年12月号	60-63
9	陸上競技マガジン	1970年4月号	117-120
10	陸上競技マガジン	1970年11月号	124-127
11	陸上競技マガジン	1971年3月号	68
12	陸上競技マガジン	1971年8月号	124-126
13	陸上競技マガジン	1972年6月号	12-13
14	陸上競技マガジン	1974年10月号	115-118
15	陸上競技マガジン	1976年1月号	107-111
16	陸上競技マガジン	1977年6月号	30-31
17	陸上競技マガジン	1977年8月号	149-150
18	陸上競技マガジン	1979年9月号	240-242
19	陸上競技マガジン	1990年11月号	171
20	陸上競技マガジン	1990年12月号	175
21	陸上競技マガジン	1992年3月号	186-187
22	陸上競技マガジン	1998年5月号	156-159
23	月刊陸上競技	1969年5月号	92-93
24	月刊陸上競技	1969年9月号	106-110
25	月刊陸上競技	1972年2月号	142-143
26	月刊陸上競技	1972年6月号	91-96
27	月刊陸上競技	1973年6月号	106-109
28	月刊陸上競技	1975年2月号	74-76
29	月刊陸上競技	1976年6月号	82-88
30	月刊陸上競技	1983年5月号	124
31	月刊陸上競技	1983年8月号	160
32	月刊陸上競技	1986年6月号	121-122
33	月刊陸上競技	1993年10月号	265
34	月刊陸上競技	1995年8月号	191-193
35	月刊陸上競技	1995年9月号	231-233
36	月刊陸上競技	1995年10月号	256-257

おわりに

　本書の内容（研究）はコーチング現場での気づきによって始まりました。「個人の力がなくても、リレーで戦えるチームにしよう」、そう思って高校教員として陸上競技部を指導していた頃のデータや経験則がもとになっています。それらを大学院で実験や調査という形で研究しまとめ上げたものが私の博士学位申請論文でした。これまで私の気づきの大きな支えとなってくださった前・名古屋高等学校陸上競技部監督である森谷晴彦先生には大変感謝申し上げます。

　そして博士論文の執筆にあたり、常に懇切丁寧な、ご指導を賜りました立命館大学スポーツ健康科学研究科、岡本直輝教授に心より感謝の意を表します。岡本先生には、研究の内容に関することはもちろん、実践現場から出発するコーチング研究の重要さ、面白さを教えていただきました。なお、本書は立命館大学大学院　博士論文出版助成金によって刊行されています。心より感謝申し上げます。

　本書で取り上げたテーマについて、まだまだ解明されていないことが多く残されています。今後も引き続き研究を続け、さらなる発見を目指して努力していく所存です。また、この本を通じて、読者の皆様が $4\times100m$ リレーについて深く考え、新たな視点を得る一助となれば幸いです。本書を通じて少しでも皆様のお役に立てることを願っています。

著者紹介

後藤賢二（ごとうけんじ）

1981 年　愛知県豊田市生まれ

2004 年　名古屋大学 経済学部 経済学科 卒業

高等学校教諭として勤務、陸上競技部の指導に携わる

2021 年　日本大学大学院 総合社会情報研究科 修士課程 修了（修士：人間科学）

2024 年　立命館大学大学院 スポーツ健康科学研究科 博士課程 修了（博士：スポーツ健康科学）

現在　和歌山県立医科大学 みらい医療推進センター げんき開発研究所 副所長

4×100mリレーの技術と科学

2024年12月13日　初版発行

著　者　　後藤　賢二

発行所　　株式会社　三恵社
〒462-0056 愛知県名古屋市北区中丸町2-24-1
TEL 052 (915) 5211
FAX 052 (915) 5019
URL http://www.sankeisha.com

乱丁・落丁の場合はお取替えいたします。
ISBN978-4-8244-0025-3